Hans Breitegger
Die großen Kriminalfälle der Steiermark

Hans Breitegger

die großen
Kriminalfälle
der Steiermark

:STYRIA

Die Deutsche Bibliothek – CIP-Einheitsaufnahme

Die großen Kriminalfälle der Steiermark /
Hans Breitegger. – Graz ; Wien ; Köln : Verl. Styria, 2000
ISBN 3-222-12788-3

© 2000 Verlag Styria Graz Wien Köln
Idee und Lektorat: Robert Engele
Layout und Umbruch: Helmut Lenhart
Umschlaggestaltung: Andrea Malek, Graz
Druck und Bindung: Druckerei Theiss GmbH, A-9400 Wolfsberg
ISBN 3-222-12788-3

INHALT

VORWORT

Verbrechen offenbaren die dunklen Seiten der menschlichen Seele und geben Aufschluss über Verzweiflung, Leidenschaft oder Bösartigkeit des Täters. Verbrecher gehen immer davon aus, dass sie ungestraft davonkommen, wenn sie gesellschaftliche Regeln und Normen missachten. Einigen gelingt es, unentdeckt zu bleiben, die meisten Schwerverbrecher werden aber ausgeforscht und einer gerechten Strafe zugeführt.

Auch in der Steiermark haben Verbrecher Kriminalgeschichte geschrieben – und nur ganz wenige dieser schrecklichen Gewalttaten sind ungeklärt geblieben. Der Massenmord im Kaarwald bei Leibnitz, eineinhalb Monate nach Beendigung des Zweiten Weltkrieges, ist eine solche – ein Massaker, das nie geklärt werden durfte. Das Buch beginnt mit dieser brisanten, politisch motivierten Tat und endet mit einer Verbrechensserie, die ebenfalls einen politischen Hintergrund hat: Der Fall Franz Fuchs wurde zwar abgeschlossen, es sind aber nach wie vor viele Fragen unbeantwortet geblieben.

In den anderen Berichten mordeten Menschen aus Habgier, aus Eifersucht, aus Hass, aus ihrem Sexualtrieb heraus und um andere Verbrechen zu vertuschen. Es wurden Unschuldige angeklagt und in wenigen Fällen auch verurteilt, weil Mörder sie beschuldigt hatten, bei den Taten mitgewirkt zu haben. Und es gab in den Nachkriegsjahren aufsehenerregende Indizienprozesse.

Einige große Fälle konnten auch nur deshalb geklärt werden, weil der Druck der Medien entsprechend vorhanden war und Journalisten bei der Aufklärung aktiv mit geholfen hatten.

Diese Umstände und das Faktum, dass Kriminalfälle mit ihrem Blick in die unberechenbaren Tiefen der menschlichen Psyche seit eh und je die Menschheit beschäftigen und ihr besonderes Interesse erwecken, haben mich veranlasst, dieses Buch zu schreiben. Es ist eine Auswahl von Morden aus verschiedensten Motiven und mit besonderen Aspekten, es soll aber gleichzeitig auch einen kleinen Einblick in die Arbeit eines Kriminalberichterstatters geben.

Hans Breitegger

Der Leser wird sich wundern, warum in einigen Fällen die Namen der Täter abgekürzt und die genauen Tatorte allgemein umschrieben werden. Grund dafür ist eine Regelung des Mediengesetzes, welche auch in diesem Buch zu beachten war:

(Noch lebende) Täter strafbarer Handlungen haben ein Recht darauf, dass ihre Identität verborgen bleibt, sofern nicht ein überwiegendes öffentliches Interesse an ihrer Identität besteht. Die Gerichte haben zwar schon oft ausgesprochen, dass bei Kapitalverbrechen, wie sie in diesem Buch geschildert werden, das Interesse am Namen des Täters „überwiegend" ist, diese Entscheidungen sind jedoch zu Zeitungsberichten über Straftaten ergangen. Diese unterscheiden sich von den Schilderungen in diesem Buch in einem wichtigen Punkt: Zeitungsberichte sind aktuell, währenddessen in diesem Buch kriminalhistorisch interessante Fälle aus der Vergangenheit geschildert werden. Einige der Täter befinden sich noch in Strafhaft oder haben sich nach Verbüßung ihrer Strafe irgendwo in Österreich (vielleicht in Ihrer Nachbarschaft?) oder im nahen Ausland eine neue Existenz aufgebaut. Es könnte für sie allenfalls einen unverhältnismäßigen Nachteil bedeuten, wenn ihnen nun Jahre nach oder kurz vor dem Ende ihrer Haft diese Wiedereingliederungsmöglichkeit durch namentliche Erwähnung in diesem Buch erschwert würde. Aus demselben Grund wurden auch einige Opfernamen anonymisiert, da viele Straftaten im Familienkreis begangen wurden und man vom Namen und der Verwandtschaftsbeziehung des Opfers auch auf die Täter oder Verdächtigen schließen könnte. Für den Autor ging es nicht darum, irgendeinem Straftäter den Wiedereinstieg in die Gesellschaft zu erschweren; Zweck dieses Buches ist vielmehr, dem Leser eine interessante Darstellung von Straftaten und den dahinter liegenden menschlichen Abgründen im Umfeld seiner näheren Heimat zu geben.

Dr. Martin Piaty
Rechtsanwalt

Juni 2000: Lokalaugenschein am Massengrab im Kaarwald – Oberstleut-
nant Hans Tomaschitz, Altbauer Franz Prechtl und Gendarmerie-Chef
Alfred Lampl vom Posten Straß (v. l. n. r.)

Ungeklärter Massenmord

Der Fall Tomaschitz & Co. (19. Juni 1945)

Leibnitz, im Juni 1945: Der Zweite Weltkrieg ist seit knapp eineinhalb Monaten zu Ende, die Tito-Truppen haben das russische und bulgarische Militär abgelöst. Und diese Truppen schrecken vor nichts zurück – es kommt zu Übergriffen auf die Bevölkerung, Plünderungen und Vergewaltigungen stehen an der Tagesordnung, Menschen werden verschleppt, ja sogar ermordet.

Die Bevölkerung ist eingeschüchtert, die Menschen haben Angst, denn die Gefahr der „Vernaderung" ist groß. Oft sind es sogar ehemalige Nazi-Anhänger, die während des Krieges als angesehene Geschäftsleute von Wehrmachtsaufträgen gelebt hatten. Mit einem Schlag wurden sie nun durch die geänderten politischen Verhältnisse zu radikalen Marxisten, die jetzt die „Säuberungen" zum eigenen Vorteil unterstützen. Das Gefängnis des Leibnitzer Bezirksgerichtes ist überfüllt – und nicht alle Häftlinge, die eingesperrt sind und auf ein Gerichtsverfahren warten, sind schuldig. Viele von ihnen sind nur Opfer gehässiger Denunziationen.

Der Kreisleiter von Leibnitz, Josef Tomaschitz, sein Stabsleiter Richard Albustin, der Gendarmerie-Oberleutnant und SS-Untersturmführer Franz Freidl, aber auch Gendarmeriemeister Emmerich Kellner, der laut Gerichtsunterlagen nie einer politischen Partei angehört hat, sind in Haft. Tomaschitz hat sich selbst bei Gericht gestellt. „Der Krieg ist vorbei, ich habe nichts angestellt und daher auch nichts zu befürchten", hatte er einer Bäuerin nach dem Zusammenbruch versichert. „Ich stelle mich."

Im Sparkassengebäude, in dem nun die jugoslawische Ortskommandantur untergebracht ist, herrscht reges Treiben. Mit Maschinenpistolen bewaffnete Soldaten und Offiziere kommen und gehen. Listen mit Namen werden erstellt – und einheimische Bürger helfen daran eifrig mit.

Am 19. Juni um drei Uhr Nacht öffnen sich die Tore des Gefängnisses im Bezirksgericht, und der Kerkermeister tritt ein. Er hält ein Blatt

Papier in der Hand: „Tomaschitz, Albustin, Kellner, Freidl … – fertig-machen und heraustreten", fordert er die Gefangenen auf.

Tomaschitz, Albustin, der parteilose Kellner, das ehemalige NS-Par-teimitglied Minauf, der Gendarm Heidinger, der Lehrer Stift, der Schlosser Mörth, der Sodawassererzeuger Henke, der Tischlermeister Fischer, der Angestellte Pöltzgutter, der Pensionist Grohmann, die Eisenbahner Praßnitz, Koroschetz und Strasser, der SA-Führer Tögl und und und – die Tito-Soldaten holen 45 Gefängnisinsassen ab und bringen sie in Lastwagen weg. Sie würden nach Marburg (Maribor) überstellt, wahrscheinlich kämen sie nach Trital ins Bergwerk, wo sie arbeiten müssten, geben die Truppen vor. Aber niemand weiß, wohin die Fahrt tatsächlich geht.

* * *

Der Weg, den die Labuttendorfer benutzen, wenn sie zur Kirche in St. Veit am Vogau unterwegs sind, führt unmittelbar am Kaarwald vorbei. Sonntag für Sonntag wird dieser Kirchweg benutzt. Auch am 19. Juni 1945 marschieren mehrere Ortsbewohner, darunter auch der Bürgermeister von Labuttendorf, Franz Höcher vulgo Schneider, und der Bauer Winterleitner vulgo Hirschmann am frühen Morgen Richtung St. Veit, um in der Pfarrkirche am Gottesdienst teilzu-nehmen.

Unterwegs treffen sie auf eine Strassensperre der Tito-Truppen. Last-wagen mit Kastenaufbau stehen am Straßenrand, die Soldaten sind hektisch und nervös. „Da geschieht etwas", bemerkt einer der Kirch-geher und ahnt Schlimmes. Eine Frau beobachtet einen Soldaten, der mit einer Schaufel Richtung Wald geht, aber niemand traut sich zu fragen, was hier vor sich geht – die Menschen haben Angst. Die Soldaten fügen den Kirchgehern kein Leid zu, sie fordern sie lediglich auf, rasch und ruhig weiterzugehen.

* * *

Zwei Monate sind seit der Verschleppung der 45 Frauen und Männer aus dem Gefängnis in Leibnitz vergangen, ohne dass die Angehörigen eine Nachricht erhalten haben. Inzwischen sind die Tito-Truppen abgezogen und die Engländer in Leibnitz eingetroffen. Es ist der 17. August: An diesem Tag macht der landwirtschaftliche Hilfsar-beiter Leopold Schubert eine grausige Entdeckung.

Die Besitzerin Christine Schrampf, Leopold Schubert und die 15-jährige Maria Scheucher begeben sich in den Kaarwald, um Streu zu rechen. Da findet der Arbeiter eine Wehrmachtsuniform, außerdem fällt ihm verbranntes Streugras auf. Auch Reifenspuren sind zu sehen, denen Schubert kurz entschlossen folgt – und sie führen ihn direkt zu einem Massengrab.

Leopold Schubert beginnt mit bloßen Händen zu graben, und schon nach wenigen Zentimetern entdeckt er einen Finger, der aus der Erde schaut. „Wir müssen die Gendarmerie verständigen", sagt er zu seinen Begleiterinnen.

Wenig später sind weitere Passanten aus der Umgebung am Tatort, und als die Gendarmen eintreffen, ist das Grab schon fast freigelegt. 20 Leichen werden geborgen, die Toten sind mit einem Telefonkabeldraht gefesselt und aneinandergebunden. Nur etwa hundert Meter neben diesem Massengrab wird noch ein weiteres Grab mit vier Leichen gefunden.

Gerichtsmediziner Dr. Anton Werkgartner stellt bei der Obduktion fest, dass alle Opfer durch Kopf- und Genickschüsse getötet und die

Kreisleiter Josef Tomaschitz (rechts) bei einem Besuch im Lazarett in Straß

13

Leichen grausam verstümmelt worden sind. Die Gerichtsbehörden haben es mit einem Massenmord zu tun. Diese Männer wurden – ob schuldig oder nicht – nach dem Ende des Zweiten Weltkrieges und ohne jedes Gerichtsverfahren kaltblütig getötet.

Nur bei zwei der Toten kann die Identität festgestellt werden: Franz Koren und Josef Tomaschitz. Der Kreisleiter wird auf Grund der Initialen in seiner Unterhose vom Sohn identifiziert. Wer die anderen Opfer sind, bleibt ebenso unklar wie der Verbleib der restlichen 21 verschleppten Männer und Frauen ...

* * *

Maria Scheucher, die damals im August 1945 bei der Auffindung des Massengrabes dabei war, erinnert sich nach 55 Jahren: „Ich sehe diesen Finger immer noch vor mir", sagt sie. Sie weiß aber auch, dass damals Ermittlungen durchgeführt wurden. „Aber herausgekommen ist dabei nichts."

Dieser Massenmord ist bis heute ungeklärt geblieben. Im Landesarchiv befindet sich zwar über die Auffindung der Leichen und über die Obduktion ein dünner schriftlicher Akt des Bezirksgerichtes Leibnitz, aber Unterlagen über die späteren Ermittlungen existieren keine mehr.

1949 hatte sich Oberst Rudolf Weissmann von der Grazer Polizei für diesen Kriminalfall zu interessieren begonnen. In einem zweiseitigen schriftlichen Bericht hat ihm damals der zuständige Gendarmerieposten Strass unter anderem mitgeteilt: „Der Massenmord wurde wiederholt aufgerollt und Erhebungen in der Sache durchgeführt. Zuerst stieß man bei den Besatzungsmächten auf Widerstände, so dass die Erhebungen notgedrungen abgebrochen werden mussten. Vor einigen Jahren wurden von Seite der Erhebungsabteilung des Landesgendarmeriekommandos für Steiermark abermals umfangreiche Nachforschungen eingeleitet. Soweit in Erfahrung gebracht werden konnte, konnten die Schuldigen des Massenmordes aus verschiedenen Umständen nicht ermittelt werden."

* * *

Zwei Monate nach diesem Bericht, am 8. Juli 1949, beauftragt der steirische Sicherheitsdirektor die Erhebungsabteilung neuerlich mit Ermittlungen, aber auch diesmal kommt es zu keiner Klärung.

Mitte der 50er Jahre wird neuerlich ein Anlauf unternommen. Der Akt

Dr. Heribert Mara: „Der Fall war anklagereif"

landet auf dem Schreibtisch des jungen Untersuchungsrichters Dr. Heribert Mara, der gründliche Arbeit leisten und den Fall restlos aufklären will. Die Erhebungsbeamten haben jedoch Schwierigkeiten, denn die Bevölkerung reagiert äußerst zurückhaltend. Die Drahtzieher des Massakers werden in einer bestimmten politischen Gruppe vermutet, und sie haben in Leibnitz Einfluss ... Da begibt sich der Untersuchungsrichter selbst an Ort und Stelle, um die Ermittler zu unterstützen, und jetzt ist man tatsächlich nahe daran, dieses grausame Nachkriegsverbrechen aufzuklären, die Schuldigen anzuklagen.

* * *

Der heute 82-jährige Heribert Mara erinnert sich: „Üblicherweise ermittelt die Gendarmerie und schickt den Bericht an die Staatsanwaltschaft. Dann bekommt den Akt der Untersuchungsrichter, er lädt die Zeugen und Verdächtigen vor. Ich habe das damals ganz anders gemacht, ich habe nicht vorgeladen, sondern die Gendarmerie losgeschickt, um die Auskunftspersonen abzuholen. Sie wurden zuerst von den Beamten der Erhebungsabteilung einvernommen, danach von mir als Richter. So konnten wir verhindern, dass es zu Absprachen kam."

Den Namen des Hauptverdächtigen weiß Mara nach so vielen Jahren nicht mehr. Aber: „Ich erinnere mich noch, es war ein Gastwirt, der das alles verursacht hat." Im Krieg soll dieser Mann für die Gestapo gearbeitet haben, in den ersten Umbruchstagen aber hat er sich selbst sofort zum Sicherheitschef von Leibnitz gemacht und für die Kommunisten gearbeitet. Mara: „Er ist sogar von einem anderen Häftling gesehen worden, als die Gefangenen auf Lastwagen verladen worden sind. Das hat mir der Zeuge zu Protokoll gegeben." Und weiters behauptet Heribert Mara: „Ich habe damals der Staatsanwaltschaft einen anklagereifen Akt übergeben, umso überraschter war ich, dass alles wieder eingestellt wurde. Ich kann das heute noch nicht verstehen."

Der Akt, den der Untersuchungsrichter nach seinen Ermittlungen Mitte der 50er Jahre der Staatsanwaltschaft übergeben hat, ist nicht mehr auffindbar. Auch die Berichte der Erhebungsabteilung aus den Jahren 1945 bis 1949 sind – aus welchen Gründen immer – nicht mehr existent!

* * *

Damit sinken auch die Hoffnungen der Grazerin Gertrude Tscheppe, dass sie über die näheren Umstände des Verbrechens an ihrem Vater Franz Heidinger jemals genaueres erfahren wird. „Ich war damals ein neunjähriges Mädchen, als sie meinen Vater abgeholt und ins Gefängnis gebracht haben", sagt sie. „Mein Vater war Postenkommandant in Kaindorf und wurde angeblich von einem Dieb, den er einmal angezeigt hatte, vernadert."

Tscheppe hat damals alles verloren, denn 1948 verschwand dann auch noch ihre Stiefmutter Maria Heidinger spurlos. „Ich war in Graz, und als ich nach Hause kam, war sie weg. Später wurden ihr Fahrrad, die Handtasche und ihre Schuhe am Murufer gefunden. Es hat geheißen, sie habe Selbstmord begangen, ihre Leiche wurde aber nie gefunden. Aber meine Stiefmutter hatte Angst vor dem Wasser, daher glaube ich nicht, dass sie in die Mur gegangen ist", sagt Gertrude Tscheppe. „Jedenfalls haben die Verwandten, die 1945 aus der Südsteiermark vertrieben wurden, alles geerbt."

* * *

Bundesheer-Oberstleutnant Hans Tomaschitz, dessen Großvater damals erschossen worden ist, will aber trotz fehlender Akte die Aufarbeitung dieses Nachkriegsverbrechens weiter vorantreiben.

Die letzte Hinrichtung

Franz Löcker (1946, 1948)

Die Beratung der Geschworenen ist kurz, sie dauert nur eine Stunde. Dann kehren sie wieder in den Schwurgerichtssaal des Grazer Straflandesgerichtes zurück. Ihr Urteil ist einstimmig, es lautet: „Schuldig!"
Es ist der 24. März 1949. „Stehen Sie auf", fordert Oberlandesgerichtsrat Dr. Herzl den 35-jährigen Angeklagten auf, auch Richter, Beisitzer und Geschworene erheben sich. Dr. Herzl verkündet das Strafausmaß. „Der Angeklagte Franz Löcker wird wegen meuchlerischen Raubmordes in sechs Fällen, wegen zweifachen Mordversuches und versuchten und vollbrachten Raubes zum Tode durch den Strang verurteilt."
Der Gelegenheitsarbeiter aus Premstätten bei Vasoldsberg im Bezirk Graz-Umgebung lacht darüber und demonstriert Kälte, Brutalität und Gleichgültigkeit. Reue kennt dieser Franz Löcker nicht ...

Franz Löcker

* * *

Die verbrecherische Laufbahn von Franz Löcker beginnt schon in seiner Jugendzeit.
Mit 15 Jahren wird er zu einer Rahmenstrafe von drei bis sechs Jahren verurteilt, weil er seinen Vetter im Zorn mit einer Hacke erschlagen hat. Wegen schlechter Führung muss er die sechs Jahre Gefängnis zur Gänze absitzen. Dem Wehrdienst entzieht er sich 1934 zunächst durch Flucht nach Jugoslawien. 1943 wird er aber doch eingezogen und schließlich wegen Desertion verurteilt.
Wegen verbotenen Waffenbesitzes und Überschreitung der Sperrzonen werden nach dem Krieg auch die Engländer auf ihn aufmerksam – und schicken ihn für mehrere Monate in die Grazer Strafanstalt

Karlau. Dort lernt er den Maurergesellen Andreas M. kennen. Mit ihm verübt Löcker nach der Entlassung aus der Haft zahlreiche kleinere Diebstähle. Mit einer Maschinenpistole bewaffnet dringen die beiden Männer am 7. Dezember 1947 in das Haus des Ehepaares Franz und Rosa Schlachta in Kalch bei Jennersdorf ein. Mit vorgehaltener Waffe werden die Bauersleute gezwungen, sich ins Bett zu legen, und die Verbrecher rauben Kleider und Schuhe.

* * *

Seinen ersten Raubmord begeht Löcker aber bereits ein Jahr zuvor. Als er am 12. Jänner 1946 aus dem Stall des Landwirtes Franz Meister in Kapfenstein ein Schwein stehlen will, trifft er im Hof überraschend auf den Besitzer. Löcker zögert keine Sekunde und versetzt dem am Brunnen stehenden Bauern drei Hiebe auf den Kopf. Der Wirtschafterin Josefa Gutl ergeht es nicht anders, doch sie schreit, worauf der Täter ohne Beute flüchtet.

Schon nach elf Tagen kommt er wieder. Diesmal trägt er ein Gewehr bei sich und macht kurzen Prozess. Aus nächster Nähe erschießt er zunächst den Bauern, der gerade in der Küche beim Abendessen sitzt, dann die Wirtschafterin. Der Mörder rafft zusammen, was er findet, stopft seinen Rucksack damit voll und schnürt noch zwei Bündel. Danach verschwindet er, ohne Spuren zu hinterlassen, und das Verbrechen bleibt vorerst ungeklärt.

* * *

Der benachbarte Gendarmerieposten Tieschen ist vom Tatort in Kapfenstein nur 18 Kilometer entfernt. Bei derart schweren Verbrechen ist es zwar üblich, dass die umliegenden Dienststellen verständigt werden, im konkreten Fall erlauben es die Verhältnisse aber nicht. Der Zweite Weltkrieg ist erst seit einem dreiviertel Jahr zu Ende, und der Sicherheitsapparat befindet sich noch in der Aufbauphase. Es fehlt die Infrastruktur, um Verbrechen rasch und erfolgreich bekämpfen zu können. So kommt es, dass die Gendarmen in Tieschen erst zwei Jahre später vom Doppelmord in Kapfenstein erfahren.

* * *

Es ist der 7. Jänner 1948: Der Landwirt Josef Hufnagl in Hürth bei Halbenrain bekommt Besuch vom Gewalttäter Franz Löcker. Das

Opfer Josef Hufnagl   *Opfer Stefanie Hufnagl*   *Opfer Angelika Hufnagl*

weiß Hufnagl aber nicht, und so lädt der gastfreundliche Winzer den Fremden auf ein Glas Wein in seinen Keller ein.

Dort kommt es zwischen den beiden Männern höchstwahrscheinlich zu einem Streit. Plötzlich geht Franz Löcker ins Freie und holt seine Maschinenpistole, die griffbereit vor dem Haus liegt. Hufnagl ahnt Schlimmes und stemmt sich gegen die Kellertür, er hat aber keine Chance. Die MP-Kugeln durchschlagen die Bretter und treffen ihn in den Bauch. Das Opfer ist schwerstens verletzt und bricht zusammen. Der Mörder geht mit besonderer Brutalität vor, mit einer Schaufel schlägt er auf den Bewusstlosen ein, dann nimmt er sein Opfer auf die Schultern und wirft es in einen Tümpel, in dem Josef Hufnagl ertrinkt.

Das zweite Opfer ist Hufnagls Tochter Angelika. Sie will dem Vater zu Hilfe eilen – und bezahlt ihren Mut mit dem Leben, der Täter schießt ihr von hinten ins Herz. Stefanie Hufnagl, die Gattin des Ermordeten, erkennt die ihr drohende tödliche Gefahr und versteckt sich unter der Bettdecke. Aber der Täter findet sie und schießt ihr in den Kopf, auch Stefanie Hufnagl ist sofort tot. Danach raubt der Schwerverbrecher das Bauernhaus aus.

Gegen 21.30 Uhr stapfen zwei junge Menschen von Halbenrain nach Klöch und dann über den Hürtherberg hinüber nach Seindl, wo das Mädchen wohnt. Unterwegs kommen sie beim Gehöft der Familie Hufnagl vorbei. „Schau, Josef, beim Hufnagl brennt noch Licht", sagt das Mädchen zu seinem Begleiter, dem Besitzerssohn Josef Holler. „Wahrscheinlich hat der Hufnagl wieder einmal mit seiner Gattin Streit", antwortet ihr Freund, und die beiden marschieren weiter.

Am nächsten Morgen wundern sich die Nachbarn, dass sich auf dem Hof nichts tut. „Die Hufnagl schlafen doch nicht so lange", bemerkt der Winzer Felix Kreussler. „Wird doch nicht der Hufnagl im Zorn seine Weiber erschlagen haben?" sagt er halb im Scherz. Da kommt der Fleischermeister Johann Stessl daher. „Ich war gerade bei den Hufnagls, die schlafen noch", erzählt er, „die Frau liegt im Bett, die Tochter auf dem Fußboden." Jetzt befiehlt Kreussler seinem Sohn Felix, nachzusehen, dieser prallt jedoch entsetzt zurück. Ihm wird sofort klar, dass es sich hier um ein Verbrechen handeln muss. „Geh zur Gendarmerie und sag ihnen, der Hufnagl hat seine Weiber umgebracht", fordert der Vater seinen Sohn auf.

Kurze Zeit später treffen Patrouillenleiter Franz Puff und Hilfsgendarm Anton Senekowitsch am Tatort ein. Auch für sie gibt es keine andere Erklärung: Der Hufnagl hat gemordet. Dieser These schließen sich am nächsten Tag auch die Beamten der Erhebungsabteilung des Landesgendarmeriekommandos an. Josef Hufnagl wird zur Verhaftung ausgeschrieben. Niemand ahnt, dass im inzwischen zugefrorenen Teich unter der Eisdecke eine Leiche liegt.

Der Winzer Felix Kreussler bekommt von Vizebürgermeister Holler den Auftrag, Hufnagls Vieh zu versorgen. Das tut der Weinbauer zweimal am Tag, auch am 11. Jänner 1948. Er arbeitet im Stall, da stürzt plötzlich sein Bub herein. „Ich hab' den Hufnagl g'funden", schreit er aufgeregt. „Red' keinen Blödsinn", weist ihn der Vater zurecht: „Der Hufnagl ist längst über alle Berg'. – „Net wahr is'. Er liegt tot im Tümpel." Tatsächlich ragt aus dem trüben Wasser neben den Eisresten ein Arm heraus – es ist Josef Hufnagl.

Jetzt steht für die Gendarmen und die Kriminalbeamten fest: Hufnagl ist nicht der Mörder, sondern selbst ein Opfer. Und jetzt erst erfahren die Gendarmen in Tieschen auch vom Doppelmord in Kapfenstein, der bereits zwei Jahre zurückliegt.

Bevor der Mörder aber verhaftet werden kann, mordet er noch ein weiteres Mal.

Sein letztes Opfer ist seine ehemalige Geliebte und Arbeitgeberin, die Landwirtin Johanna Ulrich aus Gieselsdorf bei St. Anna am Aigen, der die Nachbarn den Spitznamen „Himergamperl" gegeben haben. Der Täter Franz Löcker kennt die Örtlichkeiten und Gewohnheiten am Hof, er weiß auch, dass Johanna allein lebt, seit er den Hof verlassen hat.

Am 5. Juni 1948 besucht er nun das Anwesen seiner Ex-Geliebten – er schleicht sich in die Küche, trinkt reichlich Schnaps und geht dann geradewegs in den Keller. Die Bäuerin ist eben mit dem Weinabfüllen beschäftigt, als plötzlich Löcker vor ihr steht und der geschockten Frau mit einer Taschenlampe ins Gesicht leuchtet. Johanna Ulrich ist geblendet und kann den Mann vor ihr nicht erkennen. Im nächsten Moment rattert auch schon die Maschinenpistole, und Löckers letztes Opfer bricht tot zusammen.

Der mehrfache Raubmörder legt sich nun müde und ohne jede Gefühlsregung ins Bett und schläft eine Weile, ehe er mit der Wäsche und den Kleidern der Toten den Tatort verlässt.

Am 8. Juni 1948 fährt Löcker mit der Eisenbahn von Feldbach Richtung Gleisdorf, zu diesem Zeitpunkt aber fahndet bereits ein Großaufgebot von Gendarmen nach dem mehrfachen Raubmörder, auch

Opfer Angelika und Stefanie Hufnagl   *Opfer Johanna Ulrich*
(Pfeil)

Zugkontrollen werden durchgeführt. Gendarmerie-Rayonsinspektor Koch vom Bahnposten Fehring begegnet Löcker im Zugabteil und verlangt den Ausweis. „Löcker, Franz Löcker heißen Sie?" fragt der Beamte, als er das Dokument in der Hand hält. „Richtig, Franz Löcker", antwortet sein Gegenüber. Der Gendarm weiß, dass ein Franz Löcker vom Gendarmerieposten Tieschen wegen Diebstahls gesucht wird. Dass er auch die brutalen Raubmorde begangen hat, ahnt der Beamte aber nicht. „Hören Sie, Löcker", sagt der Rayonsinspektor: „Ich muss jetzt die anderen Personen kontrollieren, Sie bleiben sitzen und warten, bis ich zurückkomme." Aber Löcker gehorcht dem Befehl nicht, denn er befürchtet seine Festnahme. Der Raubmörder springt daher wenig später aus dem Fenster des fahrenden Zuges, lässt aber seinen Rucksack, eine Wehrmachtstasche und eine Einkaufstasche zurück.

In der Zwischenzeit wird auch der Mord an Johanna Ulrich entdeckt, und vor dem Bauernhaus finden sich zahlreiche Schaulustige ein, auch der Besitzer Anton Prassl befindet sich unter ihnen. „Da fällt mir ein, der Löcker, dieser Fallot, war vor einigen Tagen in der Gegend. Meine Kinder haben ihn im Wald gesehen", berichtet er Bezirksinspektor Ernst Maurer am Tatort. Maurer erinnert sich an die Meldung seines Kollegen von der Bahnpolizei. „Der Löcker ist ja aus dem Zug gesprungen", bemerkt der Inspektor und alarmiert die Erhebungsabteilung. Als die Gendarmerie dann auch noch erfährt, dass Franz Löcker vor Jahren einige Zeit bei Johanna Ulrich beschäftigt war, bestehen kaum noch Zweifel: Löcker muss der gesuchte Mörder sein.

Auch der Gewalttäter weiß jetzt, dass nach ihm gefahndet wird, er muss untertauchen. Das Wirtschaftsgebäude eines Uhrmachermeisters in Vasoldsberg scheint als Versteck geeignet zu sein, aber Löcker irrt sich, und das wird ihm zum Verhängnis. In der Zwischenzeit ist nämlich auch die Bevölkerung sensibilisiert. Überall hat es sich schon herumgesprochen, dass es sich bei dem 35-Jährigen um den meistgesuchten Verbrecher der Steiermark handelt. Für einige Tage kann er sich verstecken, dann wird er gesehen und an die Gendarmerie verraten.

Der 11. Juni 1948 beschert den provisorischen Gendarmen Anton Pammer, Emil Tarmann und Karl Hitz den größten Erfolg ihrer Laufbahn.

Gegen zwölf Uhr mittags erhalten sie am Posten Hausmannstätten einen vertraulichen Hinweis auf das Versteck des gesuchten Mörders. Ohne lange zu überlegen, schwingen sie sich auf ihre Fahrräder und radeln zum genannten Wirtschaftsgebäude.

Ihre Karabiner im Anschlag, fordern sie den Verbrecher auf, sich zu ergeben. „Löcker, geben Sie auf, es ist vorbei." Der Gesuchte kommt tatsächlich aus dem Gebäude – aber nicht, um sich festnehmen zu lassen, sondern um zu flüchten. Die Gendarmen haben damit gerechnet, sie zögern keine Sekunde und schießen mehrmals. Franz Löcker wird in die Schulter und in den Oberschenkel getroffen, seine Flucht und seine verbrecherische Laufbahn sind zu Ende.

* * *

Der Prozess beginnt am 23. März 1949, Franz Löcker sitzt nicht allein auf der Anklagebank. Andreas M. wird beschuldigt, am Doppelmord in Kapfenstein beteiligt gewesen zu sein, das behauptet der Hauptangeklagte. „Beim Meister in Kapfenstein holen wir uns ein Fadl", soll M. laut Löcker einmal gesagt haben. Und: „Dem Alten hauen wir eins aufi." Am 12. Jänner 1946 habe er gemeinsam mit dem Mitangeklagten den Bauernhof aufgesucht. Nicht er, sondern sein Komplize sei es gewesen, der den Bauern und die Wirtschafterin niedergeschlagen habe. Elf Tage später hätten sie den Doppelmord gemeinsam verübt.

Aber zwei Bekannte der Mordopfer entlasten den M. vor Gericht: Sie hätten einige Tage nach dem ersten Überfall Franz Meister und Josefa Gutl getroffen, beide hätten nur von einem Täter erzählt. Dann wird ein Zeuge aus dem Gefängnis in den Schwurgerichtssaal geführt. Ihm hat Löcker während der Untersuchungshaft anvertraut, dass er M. „nur eins auswischen" wolle. Und als der Arbeitgeber des angeblichen Mittäters behauptet, dass dieser am Tag der Bluttaten bis 17 Uhr in Kapfenstein gearbeitet habe, sind die Geschworenen von der Unschuld des Zweitangeklagten überzeugt. Von seinem Arbeitsplatz bis zum Tatort sind es 18 Kilometer, das konnte er damals in einer Stunde nicht schaffen.

Die Beteiligung am Raubüberfall in Kalch bei Jennersdorf hingegen gibt Andreas M. zu, Löcker aber bleibt dabei: „Der M. war in Kapfenstein dabei."

Immer wieder bricht Löcker in schallendes Gelächter aus, wenn es um seine Taten geht. „Lachen Sie nicht! Sonst lasse ich Sie disziplinieren", droht ihm der Richter. „Derf i net lachen?" fragt der Angeklagte zynisch. „Nein, die Sache ist zu ernst." Als ihn der Staatsanwalt fragt, ob er für seine abscheulichen Verbrechen Reue empfinde, grinst er wiederum: „Was soll i machen?"

Löcker erklärt sich für schuldig und wendet sich an das Gericht: „Hab eh schon alles g'sagt, tun' S' nur nachlesen im Protokoll. Es soll halt alles g'schwind gehen."

Der Psychiater geht ausführlich auf den Geisteszustand des Angeklagten ein, auf seinen Zynismus und seine unbeherrschte Triebhaftigkeit. Löcker ist, so der Gutachter, voll zurechnungsfähig. Der Gerichtsarzt erinnert sich in seiner Aussage, dass Löcker stets zu Witzen aufgelegt war, wenn er ihn in der Zelle besuchte. „Seine Lieblingszeitung war ‚Der Witzbold', sein Lieblingsthema die Jägerei."

Am zweiten Verhandlungstag ist der Schwurgerichtssaal überfüllt – und längst nicht alle Kiebitze finden Einlass, so enorm ist das Interesse an diesem bisher grössten Raubmordprozess im Grazer Landesgericht.

Das Gericht vernimmt mehrere Zeugen, einige von ihnen lügen wie gedruckt. „Ihr seid's eine verlogene Gesellschaft", ermahnt der Richter eine Zeugin, die im Vorverfahren etwas ganz anderes ausgesagt hat. Löcker schüttelt sich förmlich vor Lachen – und er lacht auch noch nach der Verlesung seines Todesurteiles.

* * *

Nur knappe vier Monate später, es ist der 14. Juli 1949, tritt der mehrfache Raubmörder den Weg zum Galgen an, nachdem der Bundespräsident das Gnadengesuch abgelehnt hat. Franz Löcker vermittelt einen ruhigen Eindruck und zeigt keine Regung. Die Gerichtskommission begrüßt er mit einem freundlichen „Guten Morgen", einen geistlichen Beistand lehnt er ab.

„I hob sechs Menschen umbrocht, jetzt bringt's ihr mi um. Mir san quitt", ruft er den Anwesenden zu, als ihm der Henker im Hof des Straflandesgerichtes den Strick um seinen Hals legt. Um fünf Uhr früh ist der sechsfache Raubmörder tot.

Und die letzte Hinrichtung in der Steiermark ist vollstreckt.

Die Fladnitzer Mörder

Josef Seidnitzer, Johann Kienreich & Co.
(1949, 1950)

Eine der brutalsten Verbrecherbanden der Zweiten Republik verbreitet Ende der Vierziger- und Anfang der Fünfzigerjahre in einer ganzen Region Furcht und Schrecken. Wilddiebstähle, Brandstiftungen, Überfälle und Raubmorde prägen den Alltag in Fladnitz an der Raab und in den umliegenden Orten. Mit Einbruch der Dunkelheit traut sich kaum noch jemand auf die Straße, nur wer unbedingt muss, ist noch unterwegs. „Die Mörder leben unter uns", sind die geschockten Menschen überzeugt – und jeder kann der Mörder sein. Das Misstrauen in der Bevölkerung wird von Verbrechen zu Verbrechen größer, die Angst wächst von Tag zu Tag, und die Situation wird immer unerträglicher. Wann werden die Verbrecher wieder morden? Wer wird das nächste Opfer sein?

Josef Seidnitzer

* * *

Der Landwirt und Bürgermeister von Mitterfladnitz, Franz Kien, lebt ebenfalls in dem Bewusstsein, dass die Mörder jederzeit und überall wieder zuschlagen können. Deshalb ist er vorsichtig geworden, wenn er am Abend unterwegs ist – und das ist er oft. Als Bürgermeister der kleinen Landgemeinde hat er seine Verpflichtungen, die er nicht so ohne weiteres absagen kann. Seine Vorsicht erweist sich auch als richtig und rettet ihm das Leben.
Es ist ein heißer Julitag des Jahres 1950. Der Bürgermeister hatte dienstlich in Graz zu tun und befindet sich gegen Abend auf der Heimreise. Bis Studenzen fährt er mit dem Zug, dann muss er aussteigen-

Johann Kienreich wird von Gendarmeriebeamten abgeführt

gen. Aber der Bürgermeister hat dafür gesorgt, dass er nicht den ganzen Weg nach Mitterfladnitz zu Fuß zurücklegen muss. Sein Fahrrad steht beim Bahnhof, und so schwingt er sich auf sein Gefährt und radelt los. Unterwegs macht er beim Schmiedemeister Pöltl kurze Rast, wo er auf mehrere Bekannte trifft – mit ihnen besucht er noch den Bauern Neuhold.

„Soll ich dich ein Stück begleiten?" bietet sich der Landwirt an, als der Bürgermeister gegen 21.30 Uhr aufbricht. „Nein, ich pass schon auf", lehnt Franz Kien dankend ab und macht sich auf den Heimweg. Allzu weit hat er es ja nicht mehr nach Hause. Aber es ist schon dunkel, und gerade in der Dunkelheit wurden im Vorjahr zwei Mitbürger brutal ermordet und beraubt. Der Bürgermeister nimmt die Abkürzung durch einen Jungwald, um die Hauptstraße schneller zu erreichen, das Fahrrad schiebt er neben sich her.

Er ist etwa 200 Meter vom Gehöft Neuhold entfernt, da hört er plötzlich Schritte hinter sich. „Der Fladnitzer Mörder", schießt es ihm durch den Kopf – „aber mich bekommt er nicht!" sagt sich Kien und beginnt geistesgegenwärtig laut zu fluchen. Als er sich umdreht, springt aus dem Unterholz ein Mann auf ihn zu. Kien ist auf alles vorbereitet und fest entschlossen, sich zu wehren, er will dem Verfolger sein Fahrrad vor die Füße schleudern. Aber im letzten Augenblick erkennt er den Mann: „Gott sei Dank, du bist es, der Seidnitzer Peperl, ich hab schon geglaubt, du bist der Fladnitzer Mörder", ist der Bürgermeister erleichtert.

26

Josef Seidnitzer bleibt wie gelähmt vor Kien stehen, sein Blick ist starr. Der Bürgermeister denkt sich aber nichts dabei, und so beschreiten beide Männer gemeinsam den Weg nach Mitterfladnitz.

Erst als Monate später Josef Seidnitzer als einer der gefürchteten „Fladnitzer" verhaftet wird, ist dem Bürgermeister klar, dass er sich damals im Unterholz in Todesgefahr befunden hat. Jetzt ist auch er überzeugt: Der „Peperl" hatte ihm aufgelauert. Der Ausspruch: „Ich hab schon geglaubt, du bist der Fladnitzer Mörder", dürfte Seidnitzer aber so verwirrt haben, dass er nicht mehr dazu fähig war, Kien etwas anzutun.

* * *

Die Serie der Gewalt beginnt aber schon viel früher, nämlich am 2. Jänner 1949 mit der Brandstiftung in der Clementmühle in Studenzen. Das Feuer vernichtet 14.000 Kilo Getreide, der Schaden ist für die damaligen Verhältnisse hoch, er beläuft sich auf 100.000 Schilling. Zunächst wird ein Maschinenschaden als Ursache angenommen, doch dann werden Reste einer verkohlten Zündschnur gefunden ...

In der Nacht zum 1. August 1949 brennt dann die Scheune des Landwirtes Karl Frühwirt in Kaag nieder, wieder war Brandstiftung die Ursache.

Genau zwei Monate später, am 1. Oktober, gegen 19.30 Uhr, errichten drei unbekannte Täter im Bereich der Bahnstation in Takern eine Straßenfalle, der der Motorradfahrer Ernst Brachner nur mit Mühe entkommen kann.

Bereits zwei Stunden nach dieser Tat wird nahe der abgebrannten Clementmühle der 37-jährige Kleinhäusler Johann Windisch, Vater von drei Kindern, mit einer Hacke niedergeschlagen. Die Mörder rauben ihm die Brieftasche und werfen das schwerstverletzte Opfer in die Raab. Windisch lebt zu diesem Zeitpunkt noch, hat aber keine Überlebenschance und ertrinkt im Fluss.

Etwa zur selben Zeit wird in nächs-

Fladnitzer Morde!

5000 Schilling Belohnung!

Das Bundesministerium für Inneres, Generaldirektion für die öffentliche Sicherheit, hat für Angaben aus

Belohnung für Hinweise

ter Nähe der 30-jährige Kraftfahrer Peter Reiter, der zu Fuß unterwegs ist, Opfer eines meuchlerischen Verbrechens. Wie Windisch wird auch er mit einer Hacke grausam zugerichtet. Die Verbrecher rauben ihm 5000 Schilling, alle seine Ersparnisse, mit denen er die bevorstehende Hochzeit finanzieren wollte, und seine Armbanduhr. Reiter lebt zwar noch, als er in einem Maisfeld aufgefunden wird, stirbt aber einige Tage später im Krankenhaus.

Zu Ostern 1950 brennt es auf dem Anwesen von Maria Freißmuth in Reitgraben, die Ursache: Brandstiftung.

Am 11. Juni 1950, gegen 22 Uhr, wird am östlichen Ortseingang in Fladnitz der Sekretär Josef Teuschler überfallen, er entkommt den Tätern in allerletzter Sekunde. Kurz darauf unternehmen die Verbrecher an derselben Stelle einen Raubmordversuch am Motorradfahrer Alfred Macher. Das Opfer stürzt zwar, kann aber ebenfalls unverletzt entkommen.

Damit nicht genug, die Gangster geben sich nicht zufrieden und warten auf ein neues Opfer. Wo zuvor die Überfälle auf Teuschler und

Tatrekonstruktion mit Johann Kienreich

Macher gescheitert waren, legen sie sich neuerlich auf die Lauer. Es dauert nicht lange, bis der Traktorführer Jakob Hirth mit seinem Fahrrad vorbeikommt. Unter den schweren Beilhieben der „Fladnitzer Mörder" bricht er zusammen. Hirth überlebt den Überfall, die Verletzungen sind aber so schwer, dass er für sein Leben lang behindert bleibt.

6. August 1950, 22.15 Uhr: Diesmal geht das Wirtschaftsgebäude des Landwirtes und Bürgermeisters von Fladnitz, Anton Binder, in Flammen auf. Der Schaden liegt bei 60.000 Schilling, die Ursache ist, wie in all den anderen Fällen, Brandlegung.

Die Abstände zwischen den Verbre-

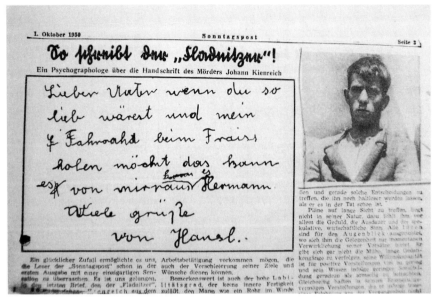

Johann Kienreich: Die Handschrift eines Mörders

chen werden immer kürzer. Nur sechs Tage später, am 12. August gegen 22.15 Uhr, schlagen die Täter schon wieder zu, diesmal im wahrsten Sinn des Wortes, und wieder mit einer Hacke. In einem Hohlweg am Waldrand des Fladnitzer Berges begegnet der 19-jährige Hilfsarbeiter Josef Pfeifer seinen Mördern. Aus Angst vor ihnen hat er sich eine Pistole zugelegt. Als er überfallen wird, feuert er zwar noch einen Schuss ab, aber die Kugel verfehlt die Täter und trifft eine alte Eiche. Noch bevor er ein zweites Mal abdrücken kann, treffen ihn auch schon die tödlichen Hiebe. Die Beute ist gering, denn Pfeifer trägt nur einige Schillinge bei sich, die „Fladnitzer Mörder" rauben aber auch die Pistole.

Eineinhalb Stunden nach diesem grausamen Mord zünden die Verbrecher noch das Wirtschaftsgebäude des Landwirtes Alois Zieser in Mitterfladnitz an.

* * *

Die Gendarmen der ganzen Umgebung und die Beamten der Erhebungsabteilung des Landesgendarmeriekommandos sind bei ihren Ermittlungen unermüdlich. Schon nach den ersten beiden Morden werden systematisch alle Gewaltverbrecher, die in den Karteien der Kriminalisten aufscheinen, überprüft, doch es findet sich keine Spur. Auch die Überprüfungen der Bewohner von Fladnitz und den umliegenden Gemeinden führen zunächst zu keinem Erfolg. Aber die Beamten geben nicht auf, von der Sicherheitsdirektion werden für Hinweise zur Klärung der Verbrechen 5000 Schilling Belohnung ausgesetzt, damals eine hohe Summe.

Am 21. August 1950 sind der Postenkommandant von Edelsbach, Franz Krenn, und Gendarm Bedenik zum Hof des Landwirtes Karl Freiß unterwegs, um auch den 19-jährigen Johann Kienreich routinemäßig zu befragen. Kienreich ist bei Pflegeeltern aufgewachsen und arbeitet nun als Knecht beim Bauern Freiß in Mitterfladnitz 42. Er ist als Einzelgänger bekannt, der zwei Beziehungen mit wesentlich älteren Frauen hat.

Bei der Alibi-Überprüfung verwickelt sich Johann Kienreich in Widersprüche, er wird festgenommen und zum Gendarmerieposten Kirchberg gebracht, wo bereits die Kriminalisten der Erhebungsabteilung auf ihn warten. Noch in der darauffolgenden Nacht gesteht er die Morde an Josef Pfeifer, Johann Windisch, Peter Reiter, den Überfall auf Jakob Hirth, auch die übrigen Überfälle sowie die Brandstiftungen auf den Anwesen von Josef Zisser und Anton Binder, wo Kienreich dann sogar eifrig mitgeholfen hat, das Feuer zu löschen. Seine beiden Freundinnen hätten von ihm ständig Geld gefordert, außerdem sei er selbst ein starker Raucher. So sei er auf den Gedanken gekommen, zu rauben, gibt er als Motiv für seine Taten an. Von den Morden an Windisch und Reiter hätten seine Freundinnen gewußt – und in der Folge von ihm noch mehr Geld verlangt.

Einer der beiden Frauen kann später die Mitwisserschaft tatsächlich nachgewiesen werden, sie wird zu zweieinhalb Jahren Kerker verurteilt.

Ebenfalls unter dem Verdacht der Mitwisserschaft werden noch drei weitere Personen, darunter der Landarbeiter Josef Seidnitzer, verhaftet. Gegen Seidnitzer reichen die Beweise aber nicht aus, und so muss er wieder auf freien Fuß gesetzt werden. Die Ermittlungen gegen ihn laufen aber weiter …

Die Spurensicherer der Erhebungsabteilung haben neben dem ermordeten Josef Pfeifer einen Schuhabdruck sichergestellt. Dieser

Abdruck wird mit den Schuhen von Josef Seidnitzer verglichen – und er ist identisch. Damit steht fest: Seidnitzer muss am Tatort gewesen sein.

Als die Kriminalisten dieses Ergebnis der kriminaltechnischen Untersuchung erfahren, läuten in Fladnitz gerade die Hochzeitsglocken, der Bräutigam ist niemand anderer als Josef Seidnitzer. Er heiratet eine Witwe, eine ahnungslose Frau, die ihn immer wieder vor den „Fladnitzer Mördern" gewarnt hat. Seidnitzer ließ sich natürlich nie anmerken, dass er selbst einer der berüchtigten „Fladnitzer" war.

Nach Johann Kienreich und Josef Seidnitzer schließen sich auch für den 24-jährigen Landarbeiter Johann Meister und den 22-jährigen Franz Thiel die Gefängnistore. Meister soll bei der Brandstiftung auf dem Anwesen Zieser und am Mord von Pfeifer beteiligt gewesen sein, Thiel wird von Kienreich der Mittäterschaft an drei Raubmordversuchen beschuldigt. Weitere mutmaßliche Bandenmitglieder werden des Wilddiebstahls überführt, und auch Anna S. wird angeklagt und schließlich zu 20 Monaten Haft verurteilt, weil sie die geraubte Pistole Pfeifers versteckt hatte.

* * *

Der Schwurgerichtsprozess gegen die „Fladnitzer Mörder" beginnt am 18. Juni 1951 im Grazer Straflandesgericht mit einer Überraschung: Johann Kienreich behauptet, die Verbrechen ganz allein begangen zu haben. Auch Josef Seidnitzer sagt: „I hob's alloani tan", obwohl er bei seiner Verhaftung noch von der „größten Ungerechtigkeit auf der Welt" gesprochen hatte. Es hat den Anschein, als wollten die Angeklagten Verwirrung stiften – und ganz offensichtlich decken sie noch jemanden. In diesem Zusammenhang fällt vor Gericht auch mehrmals der Name Franz Ziehenberger. Ist der 42-jährige Tischlermeister womöglich der Kopf der Verbrecherbande? Dafür gibt es aber keine Beweise.

Nach zwölf Verhandlungstagen geht der größte Schwurgerichtsprozess, der bisher in Graz stattgefunden hat, zu Ende. Schon um fünf Uhr früh stellen sich die Zuhörer vor den Toren des Landesgerichtes an, um dabei zu sein, wenn um elf Uhr Vormittag die Urteile gefällt werden. Doch der angekündigte Termin verzögert sich, die Geschworenen müssen nämlich 61 Fragen beantworten, ehe sie zu einer Entscheidung kommen.

Der Saal ist überfüllt, auf der Zeugenbank sitzen nur noch der Vater des ermordeten Pfeifer, der zum Krüppel geschlagene Jakob Hirth und die Witwe des ertränkten Windisch.

Es herrscht lautlose Stille, als um die Mittagszeit Staatsanwalt, Verteidiger und Geschworene wieder ihre Plätze einnehmen. Dann erscheint Senatsvorsitzender Dr. Kürzl und fordert den Obmann der Geschworenen, den Landwirt Viktor Gollob aus Gamlitz, auf, deren Entscheidung bekanntzugeben: Sie lautet schuldig. Lediglich bei Thiel wird die Beteiligung am Überfall auf Teuschler mit vier Stimmen und bei Meister die Mittäterschaft am Pfeifer-Mord verneint.

Die Urteile lauten: Lebenslanger Kerker für Seidnitzer, die Höchststrafe von 20 Jahren für Kienreich (er war zum Zeitpunkt der Taten noch keine 20 Jahre alt), 20 Jahre für Thiel wegen zweifachen Raubmordversuches (Macher und Hirth), zwölf Jahre für Meister wegen Brandstiftung.

Mit diesen Urteilen ist das letzte Kapitel um die „Fladnitzer Mörder" aber noch lange nicht geschrieben.

* * *

In der Oststeiermark halten sich beständig die Gerüchte, dass der Kopf der „Fladnitzer" noch auf freiem Fuß sei – und Franz Thiel, der seine Beteiligung an den Überfällen immer bestritten hatte, strebt ein Wiederaufnahmeverfahren an. Seine Eingaben werden aber abgewiesen. Erst als der Eisenerzer Rechtsanwalt Dr. Stavianicek sich des „Falles Thiel" annimmt, wendet sich das Blatt. Der Jurist setzt sich mit Generalanwalt Dr. Rehm in der Generalprokuratur in Wien in Verbindung, dieser arbeitet den Aktenstoß durch und legt schließlich beim Obersten Gerichtshof Nichtigkeitsbeschwerde zur Wahrung des Gesetzes ein. Das Ergebnis ist für das Grazer Landesgericht niederschmetternd: Insgesamt müssen acht Beschlüsse, die Eingaben Thiels betreffend, als gesetzwidrig aufgehoben werden. Der Oberste Gerichtshof gibt der Nichtigkeitsbeschwerde des Generalanwaltes Recht und überträgt die Entscheidung über das Wiederaufnahmeverfahren dem Grazer Landesgericht. Es kommt aber zu keiner Wiederaufnahme, Franz Thiel ist unschuldig. Johann Kienreich gesteht, dass er Thiel deshalb beschuldigt hat, weil ihm dieser einmal eine „Braut" ausgespannt habe. Nach fünf Jahren Gefängnis wird der Tischler enthaftet.

Der Justizirrtum in Graz führt in der Öffentlichkeit zu heftigen Diskussionen, schließlich befasst sich das Parlament mit den Fehlentscheidungen und der Nachlässigkeit des Landesgerichtes Graz. Der Justizausschuss setzt eine Untersuchungskommission ein, der sechs Nationalratsabgeordnete angehören.

In dieser Phase stimmt das Landesgericht auch im „Fall Meister" einem Wiederaufnahmeverfahren zu. Doch die Staatsanwaltschaft erhebt dagegen Einspruch, und so lehnt das Oberlandesgericht Graz ein neuerliches Verfahren ab.

Nun wird im Herbst 1955 in Fladnitz auch wieder verhört und ermittelt. Auch der zu lebenslangem Kerker verurteilte Josef Seidnitzer wird zu Lokalaugenscheinen ausgeführt – und die Gendarmen haben größte Mühe, einen Lynchmord durch die aufgebrachte Menschenmenge zu verhindern. Aber durch seine Angaben können jetzt, nach so vielen Jahren, zwei Brieftaschen, die Mordopfern geraubt worden sind, sichergestellt werden. Jetzt werden auch Seidnitzers Schwager Franz Ziehenberger und der Seidnitzer-Neffe Othmar F. verhaftet.

Zu einem Prozess gegen die beiden kommt es aber nicht, denn Josef Seidnitzer, der die beiden belastet, erhängt sich am 17. Juli in seiner Zelle des Grazer Landesgerichtes, nachdem er dem Untersuchungsrichter wichtige Hinweise zur Aufklärung der Verbrechen geliefert hat. Im Zuge dieser neuen Erhebungen stoßen die Kriminalisten auf eine Reihe weiterer Raubüberfälle und Diebstähle, die von den Betroffenen aus Angst vor den Tätern nie angezeigt worden sind.

Genau zwei Monate nach dem Tod Seidnitzers schneidet sich sein Schwager Franz Ziehenberger vor dem Wandspiegel in seiner Zelle mit einem Taschenfeitel die Kehle durch. Mit seinem eigenen Blut schreibt der sterbende Häftling noch das Wort „Menschenmörder" auf einen Pappendeckel – seine letzte Nachricht an den Untersuchungsrichter. Ob er tatsächlich der Anführer der berüchtigten „Fladnitzer" war, bleibt ein Geheimnis.

Othmar F. wird nach neun Monaten Untersuchungshaft wieder auf freien Fuß gesetzt, denn die Verdachtsmomente reichen für eine Anklage nicht aus. Johann Kienreich erlernt während seiner Haft das Schuhmacherhandwerk und findet nach seiner Entlassung in Niederösterreich eine Unterkunft. Am 12. Juli 1987 stirbt auch der letzte „Fladnitzer".

Tödlicher „Hittrach"

Die Fälle Irmgard Noiges (1947),
Friederike Scherz (1951) und
Johann Hojas (1951)

Giftmorde sind heimtückische Verbrechen und schwierig aufzuklären, denn der Gewaltakt selbst steht im Hintergrund. Eine direkte physische Überwältigung des Opfers bleibt aus, sehr oft geschehen daher Giftmorde im Familienverband. Die Tat selbst wird zunächst meist gar nicht als Verbrechen erkannt, oft wird als Todesursache eine Lebensmittelvergiftung vermutet, und erst nach genauen Laboruntersuchungen kann ein Giftmord nachgewiesen werden.

Schwierig ist bei Giftmorden die Suche nach dem Motiv, und auch den Tätern selbst ist nur schwer auf die Schliche zu kommen, denn es handelt sich vorwiegend um verschlossene Menschen, die lange vorausplanen und mit ihren Opfern – so scheint es – im „besten Einvernehmen" leben.

Von November 1947 bis zum Sommer 1951 sind die Sicherheitsbehörden in der Weststeiermark mit drei Giftmorden und insgesamt fünf Opfern konfrontiert. Zwei Fälle bleiben ungeklärt, der dritte und schlimmste Anschlag kann zwar aufgeklärt werden, lässt aber bis heute Fragen offen.

* * *

In der Nacht zum 4. November 1947 stirbt in Bärnbach bei Voitsberg die 22-jährige Irmgard Noiges im Haus ihrer Eltern. Der Arzt kann die Todesursache nicht einwandfrei feststellen, und so wird ein gerichtlicher Lokalaugenschein durchgeführt, der den Verdacht auf Gifteinwirkung erhärtet. Der Gerichtsmediziner stellt bei der Obduktion schließlich fest, dass Noiges durch Arsen gestorben ist. Das Gift befand sich in einem Backhendel, das die junge Frau Stunden vor ihrem Tod verspeist hatte.

Die ermittelnden Gendarmeriebeamten suchen nach einem möglichen Mordmotiv und finden auch eines: Das tödliche Essen sei nicht für Irmgard Noiges, sondern für deren Vater bestimmt gewesen. Der Verdacht richtet sich gegen dessen Frau, die Mutter der Verstorbenen. Diese habe ihren Gatten „beiseite schaffen" wollen, sind die Gendarmeriebeamten überzeugt. Über mündlichen Auftrag der Staatsanwaltschaft wird die Frau verhaftet und in das Bezirksgericht Voitsberg eingeliefert. Für eine Anklage reichen die Verdachtsmomente offensichtlich nicht aus, denn in der Gendarmeriechronik ist nachzulesen: „Der Mordfall konnte nie restlos geklärt werden."

* * *

Auch im Fall von Friederike Scherz steht auf den Akten: „Nicht geklärt!"

Der „Knechtlbauer-Hof" im Katzbachgraben in Graden liegt abgelegen in der Einschicht, neben dem Weg zur Stubalm. Es gab damals noch kein Telefon, daher dauerte es lange, bis der Distriktsarzt unten im Ort verständigt ist.

Die 17-jährige Landarbeiterin Friederike Scherz windet sich vor Schmerzen, das Mädchen wird von heftigen Krämpfen geschüttelt. Der Arzt ist unterwegs, aber der Weg zum Hof der Familie Scherz ist weit und mühsam. Die Straße führt nicht bis zum Hof hinauf, ein langes Stück kann nur zu Fuß zurückgelegt werden. Es ist der 15. Februar 1951, tiefster Winter, und es liegt so viel Schnee im Katzbachgraben, dass der Doktor mit seinem Auto stecken bleibt, noch bevor die Straße zu Ende ist.

Daher kommt er zu spät – als der Arzt gegen 17.30 Uhr das abgeschiedene Gehöft endlich erreicht, ist Friederike Scherz soeben verstorben. Der Distriktsarzt schließt Fremdverschulden nicht aus, er alarmiert den Gendarmerieposten in Piber, der die Erhebungen aufnimmt.

Friederike Scherz stammte aus der ersten Ehe ihres Vaters und lebte mit ihren Geschwistern als Landarbeiterin auf dem väterlichen Anwesen. Die zweite Frau des Bergbauern brachte erst wenige Tage vor dem Tod der Stieftochter ein Kind zur Welt. Über Streitigkeiten in der Familie kann die Gendarmerie nichts in Erfahrung bringen. Gerüchte, dass das Mädchen schwanger gewesen und deshalb vergiftet worden sei, werden durch die Obduktion widerlegt. Die Autopsie ergibt aber weiters, dass die 17-Jährige durch eine Arsenikvergiftung gestorben ist.

Ein Selbstmord scheidet aus, es fehlt das Motiv.

Friederike war hübsch, lebensfroh und sang am Sonntagvormittag im Kirchenchor. Sie lebte im besten Einvernehmen mit Vater, Stiefmutter und Geschwistern und war mit einem 21-jährigen Landarbeiter verlobt. Auch machte sie während ihres langes Todeskampfes keinerlei Andeutungen, dass sie Gift eingenommen hätte.

Die Gendarmerie geht von einem besonders raffiniert ausgeführten Giftmord aus und sucht schließlich intensiv nach jener Person, die Scherz am Sonntag zuvor auf einem Fest im Dorf Zuckerln geschenkt hat. Zwei Tage später, nach dem Genuss dieser Zuckerln, sollen bei dem Mädchen erste Schmerzen aufgetreten sein.

Im Zuge der Ermittlungen stoßen die Beamten auf einen 22-jährigen Nachbarssohn, der oftmals bei Scherz zu Besuch war und angeblich ein Auge auf das attraktive Mädchen geworfen hatte. Bei der Einvernahme verwickelt sich der junge Mann in Widersprüche, und schließlich gibt er an, dass er am Giftmord wohl beteiligt gewesen sei, aber ihn nicht verübt habe. Auf Grund dieser Aussagen werden der Verdächtige und seine Mutter verhaftet und in das Bezirksgericht Voitsberg eingeliefert. Aber auch in diesem Fall reichen die Verdachtsmomente für ein Gerichtsverfahren nicht aus.

* * *

Arsen wird in den Glasfabriken in Oberdorf und Voitsberg für die Glaserzeugung benötigt. Die Fabriksarbeiter haben Zugang zu diesem gefährlichen Gift, das außerhalb dieser Betriebe nicht nur gegen Ratten und Mäuse eingesetzt wird, sondern – in ganz kleinen Mengen – auch als Kraftspender für Pferde und Knechte auf den Bauernhöfen Verwendung findet. Arsen oder „Hittrach" ist zu dieser Zeit also ein leicht erhältliches Gift im oberen Kainachtal. In größeren Mengen ist „Hittrach" für Tier und Mensch aber absolut tödlich.

Ältere Leute wissen noch zu berichten, dass es früher schon hin und wieder vorgekommen sei, dass Einleger, die von Haus zu Haus gezogen sind und bei einem ihrer „Zwangswirte" erkrankten, plötzlich starben, ohne dass darüber viel Aufhebens gemacht worden wäre.

* * *

Der Giftmord an Friederike Scherz sorgt noch immer für Gesprächsstoff und Gerüchte in und um Voitsberg, da erschüttert ein halbes Jahr später ein neuerliches heimtückisches Verbrechen die Öffentlichkeit …

Gisela Hojas und ihr Onkel Wilhelm Kolb: Beide wurden verurteilt

Es ist der 21. August 1951, als die Landwirtstochter Gisela Hojas am Bärenhof in Piberegg für ihre Familie das Mittagessen zubereitet. Ihre Mutter ist seit vier Jahren tot, und so versorgt die 21-Jährige ihren Vater Johann Hojas (43), ihren 14-jährigen Bruder Johann und ihre 62-jährige Tante Christine Kolb. An diesem Sommertag bereitet sie Kartoffelsuppe, Brennsterz und Kaffee zu.

Um ein Uhr sitzt die Familie, wie jeden Tag, in der Stube beim Mittagstisch. Alle essen von den Speisen, nach einigen Löffeln Brennsterz wird aber Gisela plötzlich übel, und sie übergibt sich im Schweinestall. Kurz darauf kommt ihr Bruder nach, ihm ergeht es ähnlich wie seiner Schwester. Auch die Tante und der Vater klagen über Schmerzen und Übelkeit. Da nimmt die Bauerntochter die Speisereste und wirft sie durch das offene Fenster in den Hof hinaus. Die Hühner haben ihre Freude daran, sie stürzen sich auf den vergifteten Brennsterz und fressen das Corpus Delicti gänzlich auf. Auch der Hund und die Katzen beteiligen sich daran, aber schon wenig später sind alle Tiere tot, selbst die Fliegen, die sich über die erbrochenen Speisereste hermachten, überleben nicht.

Johann Hojas und seine Schwester Christine sterben am Nachmittag im Krankenhaus Voitsberg. Um das Leben des 14-jährigen Buben ringen die Ärzte stundenlang, bis zum Abend führen sie einen harten Kampf gegen den Tod. Manchmal kommt der Patient zu Bewusstsein, dann verliert er wieder die Besinnung. Gegen 21 Uhr stirbt auch er – in den Armen einer Krankenschwester.

Nur Gisela Hojas ist nie in Todesgefahr – und das macht sie von Anfang an verdächtig. „Sie kommt mir viel zu gleichgültig vor", fällt einer Schwester im Krankenhaus gleich nach Giselas Einlieferung auf, und eine Bettnachbarin erzählt den Kriminalbeamten der Erhebungsabteilung des Landesgendarmeriekommandos, dass Hojas in den ersten zwei Tagen im Spital immer nur Sorge um ihr „Vieh im Stall" geäußert, aber keinerlei Mitgefühl über das Schicksal ihrer Angehörigen zum Ausdruck gebracht hat. „Zuerst hatte ich mit ihr Mitleid, aber dann bekam ich richtig Angst vor ihr und traute mich kaum noch zu schlafen", so die Patientin, die mehrere Nächte im Zimmer 49 neben Gisela Hojas verbringen musste, ehe die verdächtige Bauerntochter zum Verhör abgeholt wurde.

Auch bei der Einvernahme gilt ihre einzige Sorge dem Vieh und dem Hof, der Tod ihrer Familienangehörigen ist für sie kein Thema.

Eine penible Ordnung, wie sie sonst während der Erntezeit im Haus am Bärenhof in Piberegg nicht wahrzunehmen war, fällt dem Nachbarn auf – und dieser Umstand wird bei den Morderhebungen als zusätzliches belastendes Indiz gesehen. Der Boden im Zimmer von Gisela Hojas ist aufgewaschen, die Betten sind frisch überzogen, auch die Küche und die übrigen Zimmer sind aufgeräumt. Dafür hatte die Verdächtige noch Zeit, bevor sie und ihre Angehörigen ins Krankenhaus gebracht worden sind!

„Sie haben Ihre Angehörigen vergiftet, sonst hätten Sie sofort Hilfe geholt und nicht erst die Hausarbeiten durchgeführt", sagen ihr die Kriminalisten auf den Kopf zu, und Gisela Hojas verwickelt sich in Widersprüche, verfängt sich im Netz der Indizien. „Jetzt ist eh alles gleich, i hab's getan. I hab Rattengift ins Essen gegeben", gesteht sie wenige Tage später. Zuerst spricht sie von einer Handvoll Arsenik, dann von drei Löffeln, die sie in den Brennsterz gemischt habe. Über das Motiv sagt sie aus: „Der Vater hat mich wiederholt geärgert. Es ist zu Auseinandersetzungen gekommen, bei denen ich den Zorn in mich hineinfressen musste. Im Stillen ist der Hass in mir gewachsen." Auch am Tag der Tat habe es einen

Streit gegeben. „I kann über meine Tat nicht weinen", fügt sie für das Protokoll hinzu.

Obwohl noch nirgends verlautbart, verbreitet sich die Nachricht vom Mordgeständnis in Voitsberg wie ein Lauffeuer. „Die Hojas hat gestanden!"

Mit dem Geständnis der Frau sind die Morderhebungen noch lange nicht abgeschlossen, sie bringen noch weitere Überraschungen mit sich. Zuerst beschuldigt Gisela Hojas den Hilfsarbeiter Adolf L., ihr das tödliche Arsenik gegeben zu haben. L. war zu Ostern 1951 auf den Hof gekommen. Er habe sie, so die Besitzerstochter, mit Heiratsanträgen überhäuft. L., der wegen eines Erbschaftsstreites mit seinen Geschwistern aus seinem Elternhaus in Geistthal ausziehen musste, weil es verkauft wurde, gesteht, Arsen besessen zu haben, Hittrach sei in dieser Gegend aber nichts Absonderliches. Mit dem dreifachen Mord habe er nichts zu tun. L. wird zwar verhaftet, doch schon bald stellt sich seine Unschuld heraus.

Die Giftmörderin beschuldigt schließlich einen anderen der Anstiftung zum Mord, nämlich ihren Onkel, den 26-jährigen Wilhelm Kolb. Der Holzhändler ist verheiratet und hat mit seiner Nichte Gisela schon seit sechs Jahren ein Verhältnis. „Er hat ihr sogar die Heirat versprochen", bestätigen mehrere Zeugen. Wilhelm Kolb bestreitet die Anschuldigungen. „Ich bin unschuldig", beteuert er immer wieder, verwickelt sich aber bei der Einvernahme am Gendarmerieposten Piber in Widersprüche. Die Kriminalisten können die Aussage der mutmaßlichen Giftmörderin im Hinblick auf ihren Geliebten durch Zeugenaussagen soweit untermauern, dass Wilhelm Kolb wegen Anstiftung zum Mord angeklagt wird.

Der Prozess gegen Gisela Hojas und Wilhelm Kolb beginnt am 11. März 1952 im Grazer Straflandesgericht. Die Anklage lässt keine Zweifel offen: Das Liebespaar hat den dreifachen Giftmord am Bärenhof in Piberegg begangen.

* * *

Die Angeklagte war das uneheliche Kind einer Landwirtetochter, die Johann Hojas heiratete. Nach der Heirat wurde Gisela Hojas von ihm adoptiert. Kolb war der Sohn ihrer taubstummen Tante Christine Kolb, die als Auszüglerin auf dem Bärenhof lebte. Wilhelm Kolb soll laut Anklage die Kuratorfunktion für seine Mutter angestrebt haben, die aber der Bauer innehatte. Johann Hojas wäre dann gezwungen gewesen, das grundbücherlich sichergestellte Auszugsrecht seiner taubstummen Schwester zu löschen. Außerdem hatte der Bauer dem Holzhändler ein privates Darlehen von 3000 Schilling gewährt, das Kolb aber nicht zurückzahlen wollte. Deshalb bestanden zwischen den beiden Männern Differenzen – und aus diesen Gründen soll der Angeklagte seine Geliebte gegen ihren Vater aufgehetzt haben.

Später habe Kolb auch gegen seine Mutter Mordpläne geschmiedet. Gisela, dem Geliebten hörig, soll laut Anklage schließlich dem Drängen Kolbs nachgegeben haben, nicht zuletzt auch in der Hoffnung, nach dem Tod ihres Vaters selbst Bäuerin zu werden. Während einer Liebesnacht zwischen dem 12. und dem 15. August soll ihr der Onkel das Gift überlassen und Anweisungen gegeben haben, wie es anzuwenden sei. Nach der Tat sollte sie den 52-jährigen Glasarbeiter Adolf L. beschuldigen, ihr das Arsenik besorgt zu haben. Nach diesen Weisungen führte die Angeklagte, so Staatsanwalt Dr. Petschnigg, das Verbrechen aus.

Vor Gericht sagt der zu Unrecht beschuldigte L. als Zeuge, er habe nie daran gedacht, Hojas einen Heiratsantrag zu machen. Revierinspektor Graschi vom Posten Piber bestätigt im Zeugenstand, dass ihm die Angeklagte die Mittäterschaft ihres Geliebten anvertraut habe, und sein Kollege Stebischnegg behauptet, Kolb habe ihn beim Verhör gefragt: „Soll ich es zugeben?" Darauf habe er ihn aufgefordert, die Wahrheit zu sagen. Mit dieser Aussage konfrontiert, erwidert der Angeklagte vor dem Schwurgericht: „Ich war durch die Vernehmung schon so zermürbt, dass ich mir gedacht habe, es ist schon gleich, ich geb's halt zu, auch wenn's nicht wahr ist."

Der für drei Tage anberaumte Giftmordprozess dauert nicht einmal eineinhalb Tage, obwohl insgesamt 25 Zeugen befragt werden und die Geschworenen 18 Haupt- und Zusatzfragen zu beantworten haben. Das Verfahren erweckt so großes Interesse, dass sich zahlreiche Zuhörer schon um sechs Uhr früh im Gerichtssaal einfinden, um sich für die Urteilsverkündung am Vormittag des 12. März 1952 einen Platz zu sichern. Als Richter und Geschworene den Saal betreten, ist dieser gedrängt voll. Um zehn Uhr verliest der Vorsitzende, Oberlandesgerichtsrat Dr. Cichoki, das Urteil: Die beiden Angeklagten sind schuldig – Gisela Hojas wird wegen dreifachen Mordes,

Verleumdung, Blutschande und Fruchtabtreibung zu 20 Jahren und Wilhelm Kolb wegen Anstiftung zu drei Giftmorden, versuchter Verleitung zur Verleumdung, zweimaliger Mithilfe zur Abtreibung zu lebenslangem schwerem Kerker verurteilt. Am Mordtag müssen die Verurteilten jedes Jahr zusätzlich in Dunkelhaft.

* * *

Gisela Hojas büßt für ihre Taten nur neun Jahre im Gefängnis, dann wird sie begnadigt und findet in der Schweiz in einem Kloster Aufnahme, wo sie auch stirbt. Wilhelm Kolb muss 18 Jahre absitzen, ehe er begnadigt wird und sich in der Gemeinde Kohlschwarz eine neue Existenz aufbauen kann. Er kandidiert 1985 bei den Gemeinderatswahlen auf einer eigenen Liste – und wird mit Hilfe der Volkspartei zum Bürgermeister gewählt. Schon nach zwei Jahren wird der als Machtmensch beschriebene Kolb aber wieder abgewählt. Mitte der neunziger Jahre stirbt auch er.

Getarnte Morde

Die Fälle Johann Hafner (1951) und
Ewald Grünsteidl (1981)

Gerichtsmediziner sind Experten ihres Faches und irren sich – Gott sei Dank – selten. Aber es kommt vor, dass auch sie Kleinigkeiten übersehen und Todesursachen falsch deuten. Vor allem in den Nachkriegsjahren, als die notwendigen Mittel fehlen – aber auch Jahrzehnte später noch – geschehen fatale Fehler.

Im Herbst 1957 wird ein Grazer Gerichtsmediziner sogar von der Gutachterliste des Oberlandesgerichtes gestrichen, weil er in zwei Mordfällen falsche Befunde erstellt hatte und die Beschuldigten deswegen zu Unrecht in Untersuchungshaft genommen wurden.

Auch im Zusammenhang mit dem Tod eines Gemeindebediensteten in Tragöß-Oberort, 1951, wird zunächst eine falsche Beurteilung abgegeben. Ein ähnlicher Fall ereignet sich dann sogar noch Anfang der Achtzigerjahre in Eisenerz. Auch dort entpuppt sich nach Monaten ein vermeintlicher Selbstmord als Mord.

* * *

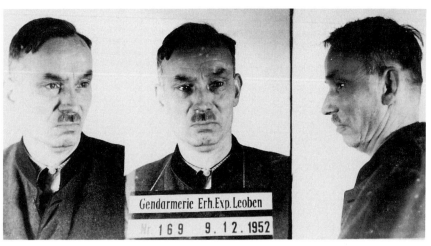

Der Schmiedemeister Alois Hafner gab seinem Gesellen den Mordauftrag

Der Tod des 43 Jahre alten Gemeindebediensteten Johann Hafner aus Tragöß-Oberort ist anfangs zwar mysteriös, doch durch die Obduktion der Leiche – so scheint es zumindest – können alle Bedenken beseitigt und alle Gerüchte aus dem Weg geräumt werden. Die Autopsie, die am Nachmittag des 22. Oktober 1951 in der örtlichen Aufbahrungshalle durchgeführt wird, ergibt eindeutig Selbstmord!

„Damit ist ein schwerer Verdacht von Personen genommen, die durch die Umstände verdächtigt wurden", schreibt damals die Kleine Zeitung in einem 19-zeiligen Einspalter. „Die verdächtigen Verletzungen wie Kratzwunden zog sich der Tote bei Lebzeiten zu", schließt der kurze Bericht.

Die Gedenktafel am Baum

Die Ermittlungen im Fall Johann Hafner sind somit abgeschlossen, der Akt wird bei der Erhebungsabteilung im Landesgendarmeriekommando in Graz abgelegt.

Aber die Bevölkerung ist anderer Ansicht, sie glaubt nicht an einen Selbstmord des Gemeindebediensteten.

Hafner war zwar schwer kriegsbehindert – aber ein Selbstmörder? Nein, das ist Johann Hafner nicht. „Da hat jemand nachgeholfen", kursieren die Gerüchte um diesen Todesfall, und nicht weit vom Grünen See entfernt nageln Holzknechte eine Gedenktafel an jenen Baum, an dem das Opfer erhängt aufgefunden worden ist. Auch der Spruch auf dieser Tafel soll darauf hinweisen, dass an dieser Stelle kein Selbstmord, sondern ein Mord geschehen ist: „Hier wurde Johann Hafner am 20. 10. 1951 erhängt aufgefunden. – Als ich an diese Stelle kam, ein Unhold mir das Leben nahm."

Den Bewohnern des kleinen Ortes ist bekannt, dass der Gemeindebedienstete mit seinem Bruder, dem Schmiedemeister Alois Hafner, wegen des väterlichen Erbes in ständigem Streit gelebt hat. Darin vermuten sie das Mordmotiv. Und in einem Gasthaus spielen sich unheimliche Szenen ab: Einheimische Gäste demonstrieren am Biertisch, wie ihrer Meinung nach der Mord durchgeführt worden ist.

Diese hartnäckige Einstellung der Bevölkerung führt schließlich dazu, dass Ende Dezember 1951 an Ort und Stelle noch einmal ein Lokalaugenschein durchgeführt, die Leiche exhumiert und neuerlich obduziert wird. Dabei schließt Gerichtsmediziner Fossel nicht aus, dass Johann Hafner zuerst erwürgt und dann am Baum aufgehängt worden ist. In seinem Gutachten hält er dann diese Annahme noch schriftlich fest. Aber es dauert Wochen und Monate, bis dieses Papier fertiggestellt ist. So verstreicht die Zeit, und nichts wird unternommen.

Im Juli 1952 wird in Bruck eine Expositur der Erhebungsabteilung Graz eröffnet. Das nutzen die zwei Gendarmeriebeamten Josef Seekirchner und Karl Hödl vom Posten Tragöß und konfrontieren die Brucker Kriminalisten Fritz Plachl und Karl Steiner mit dem „Fall Hafner".

* * *

„Da sind zwei Gendarmen in die Kanzlei gekommen. Es gäbe einen ungeklärten Fall am Grünen See, diesen sollten wir uns ansehen, haben sie uns ersucht. Sie haben uns das gerichtsmedizinische Gutachten gezeigt", erinnert sich der pensionierte Kriminalbeamte Karl Steiner nach so vielen Jahren auch heute noch ganz genau an diesen Augenblick. „Da haben wir uns die Akten von Graz schicken lassen und sie erst einmal gründlich durchgesehen. Dann haben wir mit den gezielten Ermittlungen begonnen. Ich glaube, es war im Dezember 1952, zum Nikolo, da sind wir in der Früh mit dem Autobus nach Tragöß gefahren, Dienstfahrzeug hatten wir ja keines."

Steiner schildert die Vorgangsweise bei den Ermittlungen: „Wir haben zuerst die Gattin des Schmiedes, dann den Lehrling und den Meister vernommen. Als wir Alois Hafner daheim abgeholt haben, hatte er sich noch einen Steireranzug angezogen, um ‚fesch beieinander zu sein'. Beim Verhör verwickelte er sich in Widersprüche, schließlich legte er ein Geständnis ab. Auch sein Geselle gab die Tat zu.

Schon am 8. Dezember 1952 war der Fall geklärt, die Tat und das Motiv sprachen für sich …"

* * *

Alois Hafner, der handgeschmiedete Steigeisen herstellt und diese Ware sogar bis nach Indien exportiert, schuldet seinem Bruder 22.000 Schilling Erbteil. Das kann der geizige Schmied nicht verwinden, er gönnt Johann keinen Groschen. Daher schmiedet der Schmied Mordpläne.

Als der 23-jährige Geselle Karl Z. – er kommt aus tristen sozialen Verhältnissen, stammt aus der Hartberger Gegend und wurde von seiner Familie verstoßen – eines Tages Selbstmordabsichten äußert, taucht in Alois Hafner ein teuflischer Gedanke auf: Z. soll Hafners Bruder mit in den Tod nehmen, wenn er Selbstmord begeht. Jeden Tag liegt der Meister seinem Gesellen in den Ohren, jeden Tag drängt er von neuem darauf, den verhassten Bruder zu beseitigen.

Immer wieder spricht der Schmied von Mord, und dabei kommt er auf alle möglichen Ideen.

Z. solle Johann Hafner zur Grazer Messe folgen, gemeinsam mit ihm nach Hause fahren und ihn unterwegs aus dem Zug werfen. Ein anderes Mal schlägt der Schmied vor, der Geselle soll das Opfer mit einem großen Schmiedehammer in der Werkstätte erschlagen. Dafür trifft Alois Hafner sogar Vorkehrungen, aber Z. verlässt dabei der Mut. Später soll der 23-Jährige ein schweres Eisenstück auf Johann Hafner fallen lassen oder ihn vom Fahrrad werfen. Ein anderer Mordplan lautet, den Verhassten im Zimmer zu erdrosseln, dann aufzuhängen.

Am 20. Oktober drängt der Schmiedemeister seinen Angestellten wiederum, verspricht ihm Geld und sogar die Schmiede, wenn er die Tat endlich vollende. Er soll mit dem Opfer einen Spaziergang unternehmen, es unterwegs erdrosseln und an einen Baum hängen. Den Strick mit der vorbereiteten Schlinge steckt Hafner seinem Gehilfen in die Rocktasche, als dieser die Schmiede verlässt.

Der Schmiedegeselle trifft Johann Hafner gegen 20 Uhr vor dem Haus und verwickelt ihn in ein Gespräch. Schließlich begeben sich die beiden Männer in das Wohnzimmer des Gemeindeangestellten, um dort Radio zu hören. Gegen 22 Uhr schlägt Z. seinem ahnungslosen Opfer vor, einen Spaziergang Richtung Seehof zu unternehmen.

Gerne hätte der freundliche Mann den Schmiedegesellen auf ein „Gläschen" eingeladen, aber das Gasthaus hat zu. „O je, schade, da ist nichts mehr los", bedauert Hafner. Das sind die letzten Worte des Gemeindebediensteten, denn im nächsten Augenblick wirft der

Der Täter zeigt an Ort und Stelle, wie er sein Opfer an den Baum gehängt hat

Täter seinem Opfer die Schlinge um den Hals und zieht sie unerbitt-lich zusammen. Hafner versucht zwar noch Gegenwehr zu leisten, bricht aber unter den Fäusten des Täters zusammen.

Der Mörder wartet kurze Zeit ab, als Hafner keine Lebenszeichen mehr von sich gibt, hängt ihn der kräftige Schmiedegeselle an den nächsten Baum. Er nimmt dem Opfer noch die Taschenuhr ab, um dem Auftraggeber, seinem Meister, zu beweisen, dass er den verhassten Bruder „erledigt" hat. Der Schmied will ihm trotzdem nicht glauben, zu oft schon hatte der Geselle im letzten Moment Angst bekommen. Erst als am nächsten Tag die Nachricht von der Auffindung der Leiche eintrifft, ist der Anstifter erleichtert. „Endlich ist der Johann tot."

Der Auftraggeber zahlt dem Täter 800 Schilling Belohnung, außerdem überlässt er ihm den Radioapparat des Toten.

Die Strafe, die ein Schwurgericht in Leoben über die beiden Angeklagten verhängt, lautet: 17 Jahre Haft für Karl Z., lebenslanger Kerker für Alois Hafner.

* * *

30 Jahre später sind die Mordgruppe der Gendarmerie-Kriminalabteilung und die Kriminalaußenstelle Leoben mit einem ähnlichen Fall konfrontiert, auch diesmal wieder in der Obersteiermark, nämlich im benachbarten Bezirk Leoben. Der 18-jährige Ewald Grünsteidl wird am Ufer des Erzbaches in Eisenerz angeschwemmt, er ist tot. Gerichtsmediziner Prof. Heinz Maurer stellt fest, dass der Bursch ertrunken ist, die Wunden am Kopf deutet er als Treibverletzungen. Anhaltspunkte für ein Fremdverschulden sind nicht ersichtlich, daher gilt der Fall als abgeschlossen: Selbstmord!

Aber wie die Tragösser 30 Jahre zuvor, glauben auch die Eisenerzer nicht an einen Selbstmord, wie einst am Grünen See nehmen auch am Fuß des Erzberges wilde Gerüchte ihren Lauf. Der Gendarmeriebeamte Johann Klapf vom Posten Eisenerz und Adolf Reichenfelser von der Kriminalaußenstelle Leoben entschließen sich daher, den Fall wieder aufzurollen, und beginnen mit ihren Ermittlungen. Auch sie sammeln Mosaiksteinchen um Mosaiksteinchen und setzen so das Puzzle zusammen – und wirklich, der angebliche Selbstmord entpuppt sich als Mord: Ein 17-Jähriger hat Gründsteidl mit einer Flasche niedergeschlagen und ihn in den eisigen Gebirgsbach geworfen. Die Kopfverletzungen waren Grünsteidl durch den wuchtigen Schlag mit der Flasche zugefügt worden, es handelte sich also um keine Treibverletzungen, wie der Gerichtsmediziner bei der Obduktion feststellte.

Der Täter wird von einem Jugend-Geschworenengericht zu einer Rahmenstrafe von zwölf bis 14 Jahren Gefängnis verurteilt.

Jetzt lebt der inzwischen 40-Jährige in Wien.

Schwangerschaft war ihr Todesurteil

Der Mordfall Theresia Wagenhofer (1954)

Für Mord gibt es viele Motive: Eifersucht, Rache, Hass, Habgier sind nur einige davon. Doch die 23-jährige Landarbeiterin Theresia Wagenhofer aus St. Stefan im Rosental muss sterben, weil sie schwanger ist und der Landwirt Anton K. sie nicht als Schwiegertochter auf dem Hof akzeptiert. Sein Sohn ist bereits für die älteste Stieftochter bestimmt, das hat der Bauer so beschlossen – und deshalb muss die „Resl" weg. Vater und Sohn fassen einen teuflischen Plan ...

* * *

Der Bauer Anton K. ist Witwer und Vater eines Sohnes, die Bäuerin Maria S. hat drei Töchter und ist ebenfalls verwitwet. Die beiden heiraten und bewirtschaften nun gemeinsam die beiden Bauernhöfe im Hirschmanngraben. Der Vater hat seinen Sohn eisern im Griff, was er sagt, das hat zu geschehen. „Der Toni wird einmal die Mitzi heiraten", äußert er sich mehrmals. „Damit die beiden Höfe zusammenbleiben."

Der Sohn folgt seinem Vater immer gehorsam, nur einmal geht er einen eigenen Weg: Er lässt sich auf eine Beziehung mit Theresia Wagenhofer, einem Mädchen aus der weiteren Nachbarschaft, ein. Das wird nicht nur Anton K. jun. zum Verhängnis, sondern auch seiner Freundin.

Theresia Wagenhofer wird schwanger, und als sie ihrem Freund das mitteilt, verspricht ihr dieser die Ehe. Aber er ist längst einer anderen versprochen, der Mitzi, der ältesten Tochter seiner Stiefmutter, damit die beiden Bauernhöfe nicht geteilt werden müssen. Eindreiviertel Joch Grund will der Senior dem Toni und der Mitzi sofort überschreiben lassen, wenn sie heiraten.

Opfer Theresia Wagenhofer

Aber das weiß Theresia Wagenhofer nicht, und so leiht sie ihrem zukünftigen Ehemann 2700 Schilling zum Kauf von Möbeln und zur Ablegung der Gesellenprüfung, denn Anton K. hat das Brunnenmachergewerbe erlernt. Aber der junge Mann gibt das Geld für Kleider und Schuhe aus und setzt den Rest in verschiedenen Gasthäusern und Buschenschenken um. Auch das ahnt die zukünftige Braut offensichtlich nicht.

Anfang April des Jahres 1954 erhält K. von seiner Freundin, die zu diesem Zeitpunkt in der Schweiz arbeitet, einen Brief: Sie werde am 16. nach Hause kommen, und er möge sie am Bahnhof abholen, bittet sie ihn. Und sie fragt ihn in diesem Brief auch, ob er nach wie vor gewillt sei, sie zu heiraten. Doch Anton K. jun. hat inzwischen bereits ein Verhältnis mit der Mitzi.

Vater K. lässt seiner Wut freien Lauf, als er erfährt, dass Theresia Wagenhofer schwanger ist. „Auf diesen Hof bringst du sie nicht her", droht er. Und: „Von mir bekommst du die Wirtschaft nicht." Der Sohn bittet seinen Vater neuerlich um Rat, will von ihm wissen, was er tun soll, weil ihn die „Resl" heiraten möchte. Der Vater antwortet, wie er es immer schon tat, bestimmend und grob: „Du bist ein schöner Trottel, wenn du dir selber net helfen kannst", stellt er fest und gibt dem Sohn dann schließlich doch den Rat: „Gehst hin zur Resl und verlangst von ihr eine Bestätigung und sagst ihr, dass i dir die Wirtschaft net gib, wenn sie dir keine Bestätigung gibt. Wenn du die Bestätigung hast, gehst mit ihr furt, zum Boch obi und gibst ihr an Schupfer, damit sie dasauft."

Anton K. erzählt seiner versprochenen Braut, der Mitzi, von diesen Plänen, und die hat keine Einwände. „Pass nur auf, dass di niemand sieht", bemerkt sie darauf, sonst sagt sie nichts.

Aber noch ist es nicht so weit, noch braucht Anton K. jun. die Bestätigung für die Rückzahlung des geliehenen Geldes, sonst könnte gegen ihn ja ein Verdacht aufkommen, wenn Theresia Wagenhofer tot aufgefunden wird. Sie gibt ihm diese Bestätigung tatsächlich, und damit ist ihr Schicksal endgültig besiegelt. Vater und Sohn beschließen, die bereits im sechsten Monat schwangere Frau zu erhängen, denn das scheint ihnen doch sicherer zu sein als sie ins Wasser zu stoßen. Am Abend des 8. Mai 1954 holt der Junior einen Strick aus dem Stall, bindet ihn zu einer Schlinge und steckt ihn in den rechten Hosensack

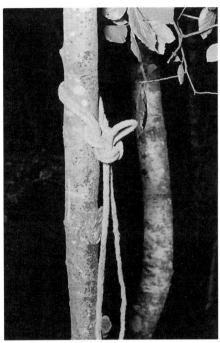
An diesem Baum hing das Opfer

seiner Schlossermontur. Dann wartet er auf Theresia Wagenhofer, die wenig später eintrifft.

Die junge Frau gibt ihm einen Tausender, denn sie glaubt, dass sie am nächsten Tag Möbel einkaufen werden, danach will sie sich wieder auf den Heimweg machen, als sie den Vater ihres vermeintlichen Bräutigams Richtung Wald gehen sieht. „Wo geht dein Vater hin?" fragt sie den Toni. „Der geht zum Nochbarn aufi."

Toni K. erklärt sich bereit, seine Freundin ein Stück zu begleiten, sie gehen über ein Brückerl, das über einen Bach Richtung Bergschmied führt. Der Sohn weiß, dass sein Vater oben im Wald bei der Wegkreuzung bereits wartet, denn so ist es zwischen den beiden abgesprochen. Kurz vor der besagten Stelle fordert Toni die „Resl" auf, vor ihm zu gehen, weil der Weg „so schlecht ist". Die Frau hat keine Ahnung, was ihr Freund vorhat. Er zieht wenig später den Strick aus der Hosentasche, wirft ihr die Schlinge um den Hals und zieht erbarmungslos zusammen. Das Opfer hat keine Chance, im nächsten Moment packt der Vater zu und hängt die Sterbende an einer jungen Buche auf, denn der Tod von Theresia Wagenhofer soll wie ein Selbstmord aussehen.

Die beiden Täter gehen nach Hause und legen sich schlafen. Am nächsten Morgen geht der Vater in den Stall und versorgt das Vieh, so, als wäre nichts geschehen, während der Sohn der ältesten Halbschwester, die sein Vater für ihn als Bäuerin ausgesucht hat, vom Mord erzählt.

Die Leiche von Theresia Wagenhofer wird gleich am nächsten Vormittag gefunden. Obwohl die Gendarmen des Postens St. Stefan im Rosental feststellen, dass der Strick, der sich um den Hals der vermeintlichen Selbstmörderin befindet, vom Hof stammt, kommt gegen den Bauern und seinen Sohn kein Verdacht auf. Und als K. den Gendarmen dann auch die Bestätigung für die Rückzahlung der Schulden zeigt und der Distriktsarzt in seinem Befund bestätigt, dass es sich „eindeutig um Selbstmord durch Erhängen" handelt, wird die Leiche zur Beerdigung freigegeben. Die Tote wird auf dem Ortsfriedhof von St. Stefan als Selbstmörderin begraben.

Aber in der Bevölkerung kursieren die Gerüchte, dass Wagenhofer ermordet worden, der Selbstmord nur vorgetäuscht sei. Auch der Vater von Theresia, der Landwirt Franz Wagenhofer aus Lichendorf, glaubt nicht an einen Selbstmord seiner Tochter und erstattet deshalb am 16. Mai, zwei Tage nach dem Begräbnis, am Gendarmerieposten Kirchbach gegen Anton K. jun. Anzeige wegen Mordverdachts, am 21. Mai wird dieser schließlich verhaftet. Nachdem er anfangs jede Schuld auf sich genommen hat, revidiert er seine Aussage bereits während der Fahrt in das Gefangenenhaus des Landesgerichtes Graz. Er belastet seinen Vater schwer, worauf auch gegen diesen ein Haftbefehl erlassen wird.

Am 9. Dezember 1954 stehen Vater und Sohn vor Gericht, die Anklage lautet auf Verbrechen des Meuchelmordes. Der Sohn bleibt dabei, dass ihn der Vater zum Mord angestiftet und ihm bei der Tatausführung geholfen hat. Der 47-jährige Bauer aber leugnet: „Mit Lug und Trug hast mi in den Kerker brocht, und i hob net gwißt, warum", wirft er dem Sohn vor Gericht vor. Aber es nützt ihm nichts: Der Senior erhält lebenslangen verschärften Kerker, er muss 19 Jahre absitzen, dann wird er bedingt entlassen, der Junior bekommt 20 Jahre, er wird nach 17 Jahren Haft entlassen.

Raubmord im Wald

Franz Arnuga (1955)

Betrunken torkelt der Mann durch das Grazer Paulustor auf das Polizeiwachzimmer zu. „Nehmen Sie mich fest, ich bin der gesuchte Räuber Franz Arnuga", fordert er den Beamten in der grünen Uniform auf, der vor dem Eingang steht. Es ist sechs Uhr früh, und der Polizist ist nicht zum Scherzen aufgelegt. Die ganze Nacht hat er Wache geschoben – und dass ein Betrunkener vorbeikommt und die Polizisten pflanzt, ist schon öfters vorgekommen. Diesem Beamten reicht es. „Verschwinden S'", sagt er forsch und schickt den Fremden wieder weg.

Um sieben Uhr ist Dienstablöse im Wachzimmer, ein anderer Polizist steht jetzt vor dem Tor, als der alkoholisierte Mann neuerlich auftaucht. „Ich bin der Arnuga, der einen Mann beraubt hat. Ich stelle mich." Dieser Beamte reagiert ganz anders als sein Vorgänger. Er glaubt Arnuga, nimmt diesen fest und übergibt ihn gleich der Mordkommission, denn das Raubopfer ist längst tot.

„Ich habe mich der Polizei gestellt, weil mich das Gewissen plagt", sagt Franz Arnuga bei der Einvernahme. „Ich wollte den schmächti-

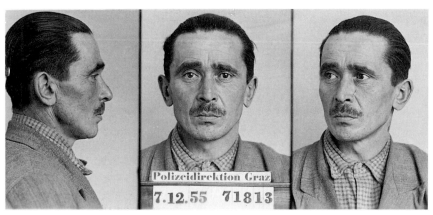

Der Grazer Raubmörder Franz Arnuga nach seiner Verhaftung 1955

gen Mann nicht töten, sondern nur berauben. Aber ich bin schuld am Tod dieses Menschen, weil ich es war, der ihn an den Baum gebunden und so seinem Schicksal überlassen hat."

* * *

Es ist der 27. November 1955, und der in Pachern geborene Franz Arnuga ist wieder einmal auf Arbeitssuche. Im Ziegelwerk Mariatrost sollen Arbeitskräfte benötigt werden, der Gelegenheitslandarbeiter will sich dort um einen Job bewerben. Aber das Fräulein im Büro muss ihn enttäuschen: „Die Herbstsaison ist vorbei", erklärt sie ihm. „Wir brauchen derzeit keine Arbeiter."

Enttäuscht verlässt Arnuga das Werksgelände und spaziert in Mariatrost umher, ehe er sich in einem Gasthaus mit dem wenigen Geld, das er noch in der Tasche hat, ein Glas Bier und eine Wurst kauft.

Die Nacht und den nächsten Tag verbringt er in einem Heustadl in der Gegend von Wenisbuch. Franz Arnuga hat Hunger, er kann sich aber kein Essen mehr kaufen, denn sein Geld hat er längst ausgegeben. Hunger gelitten hat er während des Zweiten Weltkrieges als Matrose und später in der russischen Kriegsgefangenschaft genug, er weiß, Hunger tut schrecklich weh.

So geht er zur Straßenbahnendstation Mariatrost, wo er auf einige Burschen trifft. Unter einer Straßenlaterne verkauft er einem der jungen Männer um 100 Schilling seinen Wintermantel. „Ich brauch etwas zu essen", bemerkt er, als er den Mantel auszieht. „Lieber frieren als hungern."

Jetzt kann er sich ein Paar Würstel kaufen, ehe er sich wieder in den Heustadl zurückzieht. Derselbe Ablauf wiederholt sich auch in den darauffolgenden Tagen immer wieder – essen, trinken, schlafen.

Auch am Abend des 1. Dezember begibt sich Franz Arnuga nach Mariatrost, um wieder in einem Wirtshaus einzukehren. Zu diesem Zeitpunkt ist auch der Landwirt Peter Pölzer unterwegs. Pölzer ist verheiratet und Vater von drei kleinen Kindern, der jüngste Bub ist erst acht Wochen alt. Der schmächtige, nur etwa 60 Kilo schwere Mann hat einen Kirtag in Mariatrost besucht und eingekauft, jetzt will er sich noch ein Bier gönnen, bevor er sich auf den Heimweg macht.

Franz Arnuga und Pölzer begegnen sich im Wirtshaus, und sie brechen spätabends gemeinsam nach Hause auf: Arnuga zu seinem Heustadl

Peter Pölzer mit Frau und Kind

und Pölzer zu Frau und Kindern. Peter Pölzer ist ziemlich betrunken und torkelt vor sich hin, Arnuga stützt ihn. Gemeinsam wackeln sie die Straße nach Wenisbuch hinauf, die unmittelbar am Heustadl vorbeiführt, den sich Arnuga zu seinem Domizil gemacht hat, denn irgendwo muss er ja schlafen.

Unterwegs fasst er einen teuflischen Plan, er will das Geld des Bauern, der selbst nicht mehr viel Bares im Rocksäckel hat. Nur zwei 20-Schilling-Noten besitzt Pölzer noch – aber sogar dafür muss er sterben.

* * *

Den Tathergang schildert Arnuga dann bei der Einvernahme, was sich im Protokoll folgendermaßen liest: „Mein Begleiter und ich gingen an dieser Stelle langsamer, da griff ich mit der linken Hand in meine innere rechte Rocktasche, holte daraus eine Schnur, fasste sie mit beiden Händen und warf sie dem rechts neben mir gehenden Begleiter über den Kopf. Er machte in diesem Augenblick einen Schritt zurück, ich daraufhin ebenfalls, worauf ich die Schnur anzog und wir in weiterer Folge beide in den links vom Weg gelegenen Straßengraben fielen. Wir kamen gerade neben einem Baum zu liegen. Ich wickelte die Schnur einmal um den Hals des Opfers, einmal um den Baum. Der Mann konnte sich nicht wehren."

* * *

Franz Arnuga raubt sein Opfer aus und will es – seinen eigenen Angaben zufolge – wieder losbinden, aber da hört er in der Dunkelheit Schritte, die immer näher kommen. Der Mann, den er im Lichtstrahl einer Straßenlaterne erblickt hat, würde Pölzer ohnehin finden, nimmt der Räuber an, lässt sein Opfer am Baum angebunden und flüchtet quer durch den Wald.

Pölzer wird aber nicht gefunden, er erstickt qualvoll.

Als Maria Pölzer um fünf Uhr in der Früh aufwacht und ihr Mann noch immer nicht zu Hause ist, befürchtet sie Schlimmes und sucht ihren Nachbarn, der ebenfalls Pölzer heißt, auf. „Mein Mann ist heute Nacht nicht heimgekommen, kannst du nachsehen?" Der 15-jährige Franz Pölzer fährt mit dem Fahrrad die Wenisbucher Straße hinunter, und nicht weit von seinem Hof entfernt, entdeckt er neben der Straße den leblosen Körper des Nachbarn. Er bemerkt die Schnur, die um den Hals und um den Baum gebunden ist, nicht. Franz Pölzer rührt nichts an, fährt zurück und holt den „Duller-Vater". „Da unten sitzt er", bemerkt der junge Bursch aufgeregt. Gemeinsam halten nun der „Duller-Vater" und Franz Pölzer genauer Nachschau, und sofort sehen sie, dass hier ein Gewaltverbrechen geschehen ist. Pölzer alarmiert Revierinspektor Theodor Schöggl vom Wachzimmer Mariatrost, und dieser gibt Mordalarm.

Es dauert nicht lange, da erfahren die Kriminalisten, mit wem der Bauer das Gasthaus verlassen hat. „Arnuga heißt er", berichtet der Wirt, „und in St. Peter soll er als Landarbeiter beschäftigt gewesen sein." Arnuga irrt die nächsten Tage zwischen Pachern und St. Peter umher, ehe er seine ausweglose Situation erkennt und sich stellt.

Lokalaugenschein in Wenisbuch: Franz Arnuga demonstriert die Tat

Strafrechtslehrer Franz Sluga mit Polizeischülern vor dem Marterl am Tatort in Wenisbuch

Ein Geschworenengericht verurteilt ihn zu lebenslanger Kerkerstrafe. Als eine Gerichtskommission sein Ansuchen um bedingte Haftentlassung ablehnt, erhängt er sich am 17. Mai 1974 um 14.30 Uhr in seiner Zelle in der Strafanstalt Graz-Karlau. In seinem Abschiedsbrief hinterlässt er dem Gericht folgende Nachricht: „Ich entlasse mich selbst aus der Haft."
Diesen Mordfall erzählt der Strafrechtslehrer der Grazer Polizei, Bezirksinspektor Franz Sluga, seinen Schülern Jahr für Jahr in der Polizeischule. Und jedes Jahr wandert er auch mit seinen Kursteilnehmern zum Tatort und schildert ihnen an Ort und Stelle den Hergang des Falles.

* * *

Heute erinnert ein Marterl den Wanderer, wenn er Richtung Wenisbuch marschiert, mit folgender Inschrift an das Verbrechen: „Durch Mörderhand muß jetzt ich sterben, verlassen diese irdische Welt. Im besten Mannesalter scheiden, vor Gottes Richterstuhl gestellt. Betrachte, Freund, Dein irdisch Leben, ob Du bereit wärst, jederzeit vor Gottes Richterstuhl zu treten und bet' für meiner Seele Heil!"

Doppelmord im Blutrausch

Albin Vogl (1956)

Im grauen abgetragenen Anzug steht der 54-jährige Bauschreiber Albin Vogl aus Kapfenberg am 30. Juni 1958 in Leoben vor Gericht – blass, unbewegt, undurchdringlich und schweigend, die rechte Hand zur Faust geballt, angeklagt des „gemeinen Mordes" an den Geschwistern Klaus und Ursula Seiberl. Der fünfjährige Sohn und die achtjährige Tochter des Uhrmacherehepaares Seiberl sind am 22. Oktober 1956 am Kapfenberger Schlossberg erstochen worden.

* * *

Schon vom 17. bis 20. März 1958 musste Albin Vogl sich deswegen vor einem Geschworenengericht des Kreisgerichtes Leoben verantworten. Aber in den vorangegangenen Jahren war in ganz Österreich öffentlich viel über verschiedene Justizirrtümer und Fehlurteile diskutiert worden, so saß beispielsweise im Fall der Fladnitzer Mordserie ein Oststeirer fünf Jahre lang unschuldig im Gefängnis. Die Justiz will im Verfahren gegen Albin Vogl, der mehrmals gestanden, aber auch

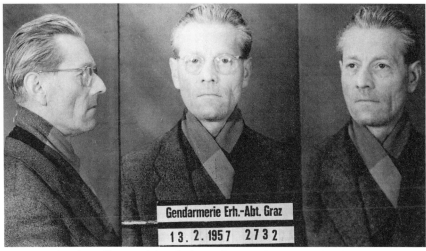

Der Bauschreiber Albin Vogl beschäftigte die Gerichte viele Jahre lang

57

widerrufen hat, keine Risiken mehr eingehen. Daher wird der Prozess im März abgebrochen, um zwei weitere psychiatrische Gutachten über den Geisteszustand des Angeklagten zur Tatzeit einzuholen. Der Beschuldigte wird also neuerlich psychiatriert, und so beginnt der Prozess jetzt, dreieinhalb Monate später, noch einmal von vorne und mit neuen Geschworenen. Und es wird nicht das letzte Verfahren sein, mit dem sich die Justiz im „Fall Vogl" auseinandersetzen muss.

„Fühlen Sie sich des gemeinen Mordes schuldig?" beginnt der Vorsitzende, Kreisgerichtspräsident Dr. Kapsch, seine Einvernahme. Hinsichtlich der Veruntreuung von Lohngeldern in der Höhe von 1800 Schilling sei er schuldig, antwortet Albin Vogl, des Mordes keinesfalls. Aber der Angeklagte hatte bereits mehrere Geständnisse abgelegt, die schreckliche Bluttat an Klaus und Ursula Seiberl in Details geschildert und die Kriminalisten und die Gerichtskommission genau zu jener Stelle geführt, wo die beiden Kinder erstochen wurden. Und in seiner Schreibtischlade wurde ein scharfgeschliffenes Papiermesser gefunden, das, laut Gerichtsmediziner, als Tatwaffe in Frage kommt. Beim Anblick dieses Messers brach der Beschuldigte seinerzeit vor dem Untersuchungsrichter zusammen. „Sie waren 15 Minuten lang fassungslos", hält ihm nun der Richter vor. Albin Vogl aber bleibt bei seinem „Nicht schuldig".

Der Kreisgerichtspräsident verliest die Protokolle und zeigt den Geschworenen die Tatbestandsmappe mit den Fotos der toten Kinder, denen grausam die Kehlen durchschnitten worden sind. Die klaffenden Wunden vom Ohr bis zum Hals sind auf den Fotos deutlich zu sehen, es ist ein schrecklicher Anblick, der die Geschworenen sichtlich erschüttert.

Auch Franz Antel, Mordgruppenchef der Erhebungsabteilung des Landesgendarmeriekommandos, und seine Kollegen sind entsetzt über diese Tat am Kapfenberger Schlossberg. Sie brauchen sich vor Gericht keine Tatbestandsmappe anzusehen, um sich an die Ereignisse vor eineinhalb Jahren zu erinnern. Die Bilder sind in ihren Köpfen gespeichert, so etwas Grausames können selbst „abgebrühte" Kriminalisten nicht verdrängen.

* * *

Rückblick auf den 22. Oktober 1956: Der Herbst hat im Mürztal längst Einzug gehalten, die Wälder rund um die Böhlerstadt

Opfer Ursula Seiberl   *Opfer Klaus Seiberl*

Kapfenberg sind voll bunter Farben und die „Pfaffenkapperln" blühen
bereits, ebenfalls ein Zeichen des Herbstes. „Wir gehen Blumen
pflücken und Laub einsammeln", sagen Ursula und Klaus Seiberl zu
ihrer Mutter, als sie am Vormittag das elterliche Haus verlassen. Der
Garten der Uhrmacherfamilie grenzt direkt an den Schlossberg, und
dort herrscht im Oktober 1956 noch reges Treiben. Auf dem Schlossberg wird eben die Burgruine freigelegt und saniert, unten am Stadt-
rand sind die Arbeiten am Umfahrungstunnel voll im Gang. Auch an
diesem Montag Vormittag, an dem Ursula und Klaus Seiberl unterwegs sind, wird auf beiden Baustellen fleißig gearbeitet. Viele Arbeiter sind auf den Beinen, aber keinem von ihnen fällt etwas Verdächtiges auf.

Es ist zwölf Uhr, die Glocken der Kapfenberger Kirchen läuten die
Mittagszeit ein, auch im Haus der Familie Seiberl steht das Essen
schon auf dem Tisch. Vater und Mutter warten auf ihre beiden Kinder, aber Ursula und Klaus kommen nicht nach Hause. Sie sind zu
diesem Zeitpunkt vermutlich schon tot.

Der Vater, ein Uhrmachermeister, ahnt Schlimmes und alarmiert
den Gendarmerieposten Kapfenberg. Sofort wird eine großangelegte
Suchaktion eingeleitet, die aber zunächst erfolglos verläuft. Erst am
Abend wird die Befürchtung der Eltern zur traurigen Gewissheit: Die

beiden toten Geschwister liegen blutüberströmt im Herbstlaub am Südhang des Schlossberges. Daneben finden die Gendarmen das Küchenmesser, das die Kinder von zu Hause mitgenommen haben, ein Lederfutteral und einige Münzen.

Mit diesem Küchenmesser – und das ist die erste Überraschung in diesem Mordfall – wurden die Kinder aber nicht getötet, stellt der Gerichtsmediziner bei der Obduktion der Opfer fest. „Die Kinder wurden mit einem scharfkantigen Messer, ähnlich einem Stilett, erstochen", behauptet der Experte. Das neben den Leichen sichergestellte Lederfutteral gehört demnach höchstwahrscheinlich zur Tatwaffe, die aber verschwunden ist.

Die Beamten der Erhebungsabteilung unter der Leitung von Mordgruppenchef Franz Antel, die Kriminalisten der Expositur Bruck mit ihrem Chef Johann Lausecker an der Spitze und die Gendarmen des Postens Kapfenberg scheuen keine Mühen, um das abscheuliche Verbrechen aufzuklären. Sie suchen zunächst nach einem Mann mit einer roten Stiefelhose, schwarzen Stiefeln und braunem Rock, der Montag Nachmittag in der Nähe des Tatortes gesehen worden ist.

Der Kapfenberger Schlossberg 1956: Schauplatz eines grausamen Verbrechens

„Das könnte der Mörder sein", überlegen die Kriminalisten. Er ist es nicht. Der Mann hat ein einwandfreies Alibi und mit dem Doppelmord nicht das Geringste zu tun. Auch ein zweiter Verdächtiger scheidet für die Tat ebenfalls aus, und ein dritter Mann, der auf Grund seines gewalttätigen Vorlebens für die Morde in Frage kommen könnte, kann mit dem sichersten Alibi von allen dreien aufwarten: Er sitzt nämlich im Gefängnis.

Die Kriminalisten tappen völlig im Dunkeln, sie haben keinerlei Spuren, die sie bei den Ermittlungen weiterbringen würden. Auch das Motiv ist unklar. Für ein Sexualverbrechen gibt es keinen Anhaltspunkt, daher liegt sogar die Befürchtung nahe, dass ein Wahnsinniger mordend durch das Mürztal zieht. Auch der kürzlich in Kindberg aufgetauchte Waldmensch könnte der Täter sein oder einer der Bauarbeiter. Jeder Bauarbeiter wird überprüft, aber einer entschlüpft den Kriminalisten: der Bauschreiber Albin Vogl, der am Tag der Tat zwar auf der Baustelle in Kapfenberg gearbeitet hat, aber einige Tage später durch Intervention eines Gewerkschaftsfunktionärs in der Grazer Nervenklinik Aufnahme fand, weil er vorgab, selbstmordgefährdet zu sein. Bis die Kriminalisten durch einen Hinweis des Baupoliers endlich auf den Bauschreiber stoßen, sind bereits 1600 Personen einvernommen.

Mit den Vorwürfen konfrontiert, gesteht Vogl die Morde und widerruft sie sogleich wieder. Das ist offenbar seine Taktik, um einer Anklage wegen Doppelmordes zu entgehen. Am 15. März 1957 entschließt sich Untersuchungsrichter Dr. Patzak, mit dem Beschuldigten einen Lokalaugenschein am Schlossberg durchzuführen. Völlig abgeschirmt wird der Verdächtige zum Gendarmerieposten Kapfenberg gebracht, wo er sowohl vor dem Richter als auch vor Mordgruppenchef Antel den Doppelmord teilweise zugibt. Bereitwillig zeigt er dann der Gerichtskommission den Weg zum Tatort. Aber dort angekommen, schweigt er eisern, kein Wort kommt mehr über seine Lippen.

Während sich die Gerichtskommission mit dem Angeklagten am Tatort aufhält, braut sich unten in der Böhlerstadt einiges zusammen. „Der Mörder ist da!" Diese Nachricht verbreitet sich wie ein Lauffeuer und führt dazu, dass sich am Fuß des Schlossberges mehrere hundert Menschen einfinden und drohen, „den Mörder zu lynchen".

Albin Vogl vor der Bauhütte, in der er sein Büro hatte

Die Gendarmen haben große Mühe, die aufgebrachte Menschenmenge zurückzuhalten, als der mutmaßliche Täter wieder zum Posten gebracht wird, wo er neuerlich ein Geständnis ablegt. Nach seinen Angaben habe er zuerst den Buben, dann das Mädchen getötet. Als er das Blut der Kinder „rauschen" hörte, habe er eine tiefe Befriedigung verspürt, sagt der Bauschreiber aus.

* * *

Vor dem Schwurgericht in Leoben beteuert Vogl aber wieder seine Unschuld. Er erinnert sich an viele kleine Details rund um den Doppelmord, aber mit der Tat selbst habe er nicht das Geringste zu tun, versichert er immer und immer wieder. Angesichts der widersprüchlichen Aussagen vor der Gendarmerie und dem Untersuchungsrichter sowie der widerrufenen Geständnisse, wendet sich Richter Kapsch dem Angeklagten zu: „Vogl, waren Sie es? Entlasten Sie doch endlich Ihr Gewissen." Jedesmal ist im Gerichtssaal ein leises „Nein" zu hören.

Als der Vater der ermordeten Kinder den Gerichtssaal betritt, versucht es der Vorsitzende noch einmal: „Können Sie dem Vater mit ruhigem Gewissen in die Augen sehen?" Vogl blickt den Uhrmachermeister an und antwortet ohne zu zögern: „Ja."

Dabei bleibt Vogl auch, als Untersuchungsrichter Patzak die drei

Geständnisse schildert. Als er ihm das Messer zeigte, habe der Verdächtige einen Weinkrampf bekommen und geschluchzt: „Das ist ja schrecklich, das muss ich gewesen sein! Die armen Kinder." Vor allem jenes Geständnis, das Albin Vogl nach einem neuerlichen Lokalaugenschein am 29. April 1957 vor ihm abgelegt habe, hält der Untersuchungsrichter für absolut echt. Diese letzte Aussage sei ohne Einschränkung und ohne sofortigen Widerruf gemacht worden, sagt Patzak aus.

Die Grausamkeiten der Tat wurden den Geschworenen eingehend geschildert, im weiteren Prozessverlauf geht es daher um das Vorleben des Angeklagten und um seine Zurechnungsfähigkeit.

Er habe es bei keiner Beschäftigung lange ausgehalten, erzählt Vogl dem Gericht. Schon in seiner frühen Jugend ließ er sich mit Mädchen ein, früh begann er auch zu trinken, und nach Raufereien wurde er zweimal wegen Körperverletzung verurteilt. Zwei Ehen mit älteren Frauen wurden geschieden – in beiden Fällen, so Vogl, habe er die Schuld auf sich genommen – um die Scheidung nicht zu verzögern. Worüber der Angeklagte aber nicht spricht, das sind die Verletzungen, die er seiner Lebensgefährtin Rosa S. immer wieder zugefügt hatte.

Die 61-jährige, kleine, schmächtige und grauhaarige Rosa S. gibt am Rand des Prozesses eine traurige Gestalt ab. Seinerzeit stand sie unter Verdacht, Mitwisserin des Doppelmordes zu sein, weil sie den Kriminalisten den Aufenthaltsort Vogls in der Grazer Nervenklinik verschwiegen hatte. Als sie beim Prozess im März behauptet hatte, das Papiermesser nicht zu kennen, wurde sie wegen falscher Zeugenaussage verhaftet. Rosa S. stellt in Abrede, auf Vogls Kleidern Blutspuren gesehen und das Gewand deshalb gewaschen zu haben. Dann entzieht sich die Frau der Aussage, denn es ist auch gegen sie ein Verfahren anhängig, und sie will sich nicht selbst belasten.

Eine ganz entscheidende Rolle spielen im Verfahren gegen Vogl die Psychiater. Im Gutachten geht es vor allem um die Frage: Kann ein Mensch, der ein derartig grausames Verbrechen an wehrlosen Kindern begeht, überhaupt zurechnungsfähig sein? Und es geht um das Motiv. Der anerkannte Wiener Psychiater Prof. Stransky schließt nicht aus, dass Vogl einen sogenannten „Ersatzmord" begangen haben könnte. Der Angeklagte hatte Streit mit seiner Lebensgefährtin und Ärger am Arbeitsplatz. Es sei denkbar, dass bei Vogl an diesem 22. Oktober 1956 der Gedanke an Selbstmord aufgetaucht ist, ihm aber dazu der Mut fehlte. Es sei durchaus möglich, dass ein verhinderter Selbstmörder seinen Aggressionstrieb anderswo entlädt, meint der Gutachter. Der Grazer Gerichtspsychiater Dr. Richard Zigeuner hält fest, dass Vogls Vater ein pedantischer Despot gewesen war. Als Kind sei der Angeklagte oft so lange geprügelt worden, bis er „auch Dinge zugab, die er nicht getan hatte". Testuntersuchungen hätten bei Vogl eindeutig sadistische Züge allgemeiner Art und Züge von Gewalttätigkeit, die Befriedigung auslösen, ergeben. Seine erste Frau hat er mit dem Hosenriemen geschlagen, seine Lebensgefährtin versuchte er zu würgen.

Die Sachverständigen kommen übereinstimmend zur Ansicht, dass der Angeklagte zurechnungsfähig ist. Staatsanwalt Schuhmann plädiert auf schuldig und sagt: „Es gibt Menschen, die nach einem inneren Trieb töten müssen, und ein solcher Mensch ist der Angeklagte." Verteidiger Dr. Eidenberger kämpft in seinem dreistündigen Plädoyer vergeblich um einen Freispruch: So lange auch nur irgendein Zweifel bestehe, müsse sein Mandant freigesprochen werden.

Albin Vogl wird am 6. Juli 1958 zu lebenslangem Kerker und Dunkelhaft an jedem Jahrestag der Tat verurteilt. Bleich und mit zusammengepressten Lippen nimmt er das Urteil auf.

* * *

Im Februar 1959 hebt der Oberste Gerichtshof das Urteil des Leobener Schwurgerichtes auf Grund der Nichtigkeitsbeschwerde von Vogls Verteidiger Dr. Eidenberger auf. Die Begründung: Vier Geschworene hatten die Zusatzfrage auf Vorliegen einer Sinnesverwirrung verneint, diese gleiche Frage aber anlässlich der von Vogl nach dem Doppelmord begangenen Veruntreuung der Lohngelder bejaht. Außerdem, so der Oberste Gerichtshof, hätten die Indizien gegen den Angeklagten für eine Verurteilung nicht ausgereicht.

Im September 1959 muss der Prozess gegen Albin Vogl im Grazer Straflandesgericht wiederholt werden. Auch diesmal wird der Kapfenberger schuldig gesprochen und zu lebenslangem Kerker verurteilt – aber erst im Herbst 1960, also vier Jahre nach dem Doppelmord, wird das letzte Kapitel im „Fall Vogl" abgeschlossen: Am 28. Oktober bestätigt der Oberste Gerichtshof das Grazer Urteil: Lebenslang!

Vogl stirbt schließlich nach jahrelanger Haft im Gefängnis.

Ein schauriger Fund

Anton Zirngast und Maria Unterberger (1956)

War es ein Unfall oder Mord? Der Fall Emmerich Ziegler löst viele Debatten aus. Die Meinungen von Kriminalisten, Wasserbauexperten und Gerichtsmedizinern prallen aufeinander. Der Staatsanwalt geht von einen Unfall aus und bricht die Ermittlungen gegen unbekannte Täter schließlich ab. Doch drei Jahre nach dem Tod des 68-jährigen Rentners aus Deutschfeistritz kommt es zu einem Aufsehen erregenden Mordprozess gegen die Schwiegertochter des Opfers und deren Lebensgefährten …

Opfer Emmerich Ziegler

* * *

Johann Stegbauer, der Rechenwärter beim E-Werk in Lebring, ist beim Reinigen des Rechens besonders gewissenhaft. Er sitzt in einer kleinen Kabine und arbeitet – ähnlich wie ein Kranfahrer – mit zahlreichen Hebeln. Die Kabine läuft auf Schienen und kann sich daher entlang des Rechens in beide Richtungen bewegen. Der Wärter lässt am Rechen einen Greifer hochfahren, der alles mitnimmt, was angeschwemmt worden und durch den Sog am Rechen hängengeblieben ist. Treibholz, Konservenbüchsen und sonstiger Unrat wird ans Ufer befördert und entsorgt. Und es kommt auch vor, dass Menschen in selbstmörderischer Absicht in die Mur springen und beim E-Werk angeschwemmt werden.

Auch am 7. Mai 1956, um 19.30 Uhr, lässt Johann Stegbauer den Greifer ins Wasser gleiten, als er ihn wieder hochzieht, prallt der Rechenwärter entsetzt zurück: Unter dem Unrat sieht er eine menschliche Hand, die an den Rand des Greifers rutscht und wieder ins Wasser fällt. Noch einmal lässt Stegbauer den Greifer nach unten.

Was jetzt zum Vorschein kommt, ist noch grausiger: Neben der Hand liegt da jetzt auch noch ein Männerkopf, um den eine braune Krawatte geschlungen ist.

Wenige Minuten später wird der Gendarmerieposten Lebring alarmiert, und um 20 Uhr klingelt bereits bei der Erhebungsabteilung des Landesgendarmeriekommandos das Telefon: Die Mord- und Tatortgruppe begeben sich sofort zum Auffindungsort und nehmen die Untersuchungen auf. Auch die Gerichtskommission trifft in Lebring ein, und der Gerichtsmediziner stellt fest, dass es sich beim Toten um einen älteren Mann handeln muss.

Dass Selbstmörder angeschwemmt werden, ist, wie erwähnt, nichts Neues, aber ein Kopf und eine Hand – das war bisher noch nicht der Fall gewesen. Ist der unbekannte Mann ermordet worden oder war er einem Unfall zum Opfer gefallen? Zuerst müssen die Kriminalisten einmal die Identität des Toten feststellen, sonst können sie diese Fragen wahrscheinlich nie beantworten.

Das Innenministerium ersucht die jugoslawischen Behörden um rasche Verständigung, wenn irgendwo zwischen Spielfeld und Marburg (Maribor) Leichenteile angeschwemmt werden. Der ganze Behördenapparat gerät in Bewegung. In den Zeitungen wird über diesen grausigen Fund berichtet, im Radio werden entsprechende Durchsagen verlesen.

Schon am nächsten Tag meldet sich der Gendarmerieposten Deutschfeistritz: „Wir haben einen Abgängigen, auf den die Beschreibung passt", teilt der Postenkommandant den ermittelnden Beamten der Mordgruppe mit. „Er heißt Emmerich Ziegler und ist seit zwei Tagen verschwunden."

Dieser Emmerich Ziegler, ein 69-jähriger Rentner, hat am 6. Mai gegen 19 Uhr ein Gasthaus in Badl in angeheitertem Zustand verlassen und ist seither nicht wieder gesehen worden. Sein besonderes Merkmal: Der Mann hat am Unterkiefer nur noch zwei echte Eckzähne – das trifft auch auf den Toten aus der Mur zu. Maria Unterberger, die Schwiegertochter des abgängigen Rentners, identifiziert Emmerich Ziegler in der Totenhalle. „Ja, das ist mein Schwiegervater", sagt die Frau, die mit dem 68-Jährigen und ihren beiden Kindern im Haus Deutschfeistritz Nr. 89 gelebt hat, denn ihr Mann war im Zweiten Weltkrieg eingerückt und ist seither vermisst.

Emmerich Ziegler mit Schwiegertochter Maria Unterberger

Zunächst ergeben sich gegen die Frau keine Verdachtsmomente, auch gegen ihren Lebensgefährten, den 56-jährigen Fleischergehilfen Anton Zirngast, liegt nichts vor. Es wird lediglich bekannt, dass es zwischen Unterberger und ihrem Schwiegervater häufig Streit gegeben hat, aber das reicht für eine Festnahme nicht aus. Außerdem steht ja nicht einmal mit Sicherheit fest, ob der Rentner überhaupt ermordet worden ist. Da platzt ein Wasserbaufachmann, der die Mur in der Umgebung von Graz genau kennt, mitten in die Ermittlungen. Im Fluss, so der Experte, lägen noch zahlreiche Wracks und andere Relikte mit scharfkantigen Flächen aus dem Zweiten Weltkrieg. Außerdem sei die Mur wegen ihrer Strudel und Strömungen berüchtigt. Man könne sich durchaus vorstellen, dass der Mann durch die Strömung unter Wasser an so einen scharfkantigen Gegenstand getrieben und zerteilt worden sei.

Anderer Ansicht sind die Gerichtsmediziner: Wenn man ein überdimensionales, scharfgeschliffenes Messer aufstelle und mit einer Geschwindigkeit von durchschnittlich 2,5 Metern pro Sekunde (so schnell fließt das Wasser in der Mur) einen Körper gegen die Schneide stoßen lasse, werde man zwar Schnitte feststellen, doch der Körper würde nie ganz durchtrennt. Bei diesem Opfer deutet aber alles auf glatte Schnitte hin, glauben die Gerichtsmediziner – also Mord.

Da erwiesen ist, dass Emmerich Ziegler betrunken war, als er ohne Begleitung den Heimweg vom Gasthaus angetreten hat, nimmt der Staatsanwalt an, dass der Rentner von dem längs der Mur führenden Weg abgekommen und ins Wasser gestürzt ist. Er bricht daher das Verfahren gegen unbekannte Täter ab, die Spezialisten der Mordgruppe ermitteln aber dennoch weiter.

Im Jänner 1957 haben sie schließlich so viele Indizien zusammengetragen, dass gegen die 36-jährige Maria Unterberger ein Haftbefehl erlassen wird. Auch hinter ihrem Lebensgefährten Anton Zirngast schließen sich die Gefängnistore.

* * *

Am 2. Juni 1959 müssen sich Unterberger und Zirngast wegen Mordes vor einem Grazer Geschworenengericht verantworten. Die Anklage stützt sich ausschließlich auf Indizien, denn ein Geständnis haben die beiden Angeklagten nie abgelegt.

Eine wesentliche Rolle spielen im Gerichtsverfahren die Augengläser des Toten – Emmerich Ziegler war nämlich auf einem Auge stark kurzsichtig. Die Kriminalisten haben drei Brillen sichergestellt, auch jene, die nach Angaben der Angeklagten Emmerich Ziegler am Tag seines Todes getragen haben soll. Hat er diese Brille tatsächlich getragen, dann muss er nach Verlassen des Gasthauses in Badl noch zu Hause gewesen sein. Dann kann er also auf dem Heimweg nicht in die Mur gestürzt sein, wie Maria Unterberger bei den Einvernahmen immer wieder geäußert hat. Und kein Fremder war an diesem 6. Mai 1956 in die Wohnung des Rentners gekommen. Nur Anton Zirngast, Maria Unterberger, ihre Tochter und der Ziehsohn haben sie betreten.

Emmerich Ziegler hat sich allein vom Gasthaus auf den Heimweg gemacht, einige Zeit später sind ihm Zirngast und Unterberger gefolgt. „Als wir zu Hause angekommen sind, war der Schwiegervater nicht zu da", behauptet die Angeklagte auch vor den Geschworenen. Und Zirngast antwortet auf die Frage des Richters, was er am Abend des 6. Mai gemacht habe: „Ich habe Radio gehört, irgendeine Musik." Da setzt der Vorsitzende, Präsident Dr. Cimansen, nach: „War es nicht die Kriminalgeschichte ‚Wer ist der Täter?', zur kritischen Zeit wurde gerade dieses Funkkriminalrätsel gesendet." Darauf der Angeklagte: „Eine Kriminalgeschichte und eine Musik kann ich auseinanderhalten, Herr Rat. Ich bin vor dem Radio eingeschlafen."

Maria Unterberger hatte, laut Anklage, am Montag, noch bevor der Kopf und die Leiche des Opfers aufgefunden wurden, an ihre Angehörigen in Knittelfeld einen Brief geschrieben: Man werde vermuten, dass Anton Zirngast und sie den Emmerich Ziegler „weggeräumt" hätten. Und von ihrem Kaufmann hatte sie sich an diesem Montag Tauerkleider reservieren lassen.

Aber das ist noch nicht alles, was die beiden Angeklagten belastet: Anton Zirngast hat in einem Grazer Gasthaus als Hausbursche gearbeitet. In seinem Zimmer haben die Beamten eine blutgetränkte Leinenschürze sichergestellt. Darauf hat sich Menschenblut der Gruppe A befunden, diese Blutgruppe hatte auch das Opfer. Zu einem Mithäftling soll der Angeklagte während der Untersuchungshaft gesagt haben: „Teufel, jetzt habe ich Angst, am Schluss findet der Kofler das Messer auch noch an." Kofler war damals der zuständige Untersuchungsrichter.

Im Zuge der Ermittlungen hat die Tochter der Angeklagten ein Mordgeständnis abgelegt, doch die Kriminalisten haben ihr einwandfrei nachweisen können, dass sie unschuldig ist. Jetzt sagt die 17-Jährige vor Gericht aus – und sie belastet ihre Mutter: Sie habe angenommen, dass ihre Mutter mit dem Mord am Großvater in Verbindung stehe und die Wahrheit sagen würde, wenn ihr Kind sich selbst bezichtigte.

Als die Vernehmungen schon im Gang waren, da habe ihre Mutter zu Anton Zirngast gesagt: „Das kann die beste Kriminalpolizei der Welt nicht aufklären." Außerdem habe Mama ihr aufgetragen, vor den

Kriminalisten nicht zu erwähnen, dass Zirngast Fleischer sei: „Sonst heißt es, er hat Großvater tranchiert."

Das Ehepaar Michael und Maria Gschiel war Emmerich Zirngast, der sich auf dem Heimweg befunden hat, nur 260 Schritte von seinem Wohnhaus entfernt begegnet. Das bestätigen sie auch vor Gericht. Revierinspektor Thaler vom Posten Deutschfeistritz ist im Verfahren ebenfalls ein wichtiger Zeuge. Als man die Wohnung Zieglers durchsucht habe, seien ihm schon an der Schwelle an einem aus Holzleisten zusammengenagelten Fußabstreifer Blutspuren aufgefallen. „Auch im Vorhaus und in der Küche war Blut." Diese Aussage macht Zirngast nervös, und er fährt sich mit der Hand mehrmals über Stirn und Wangen. Auch Gerichtsmediziner Wolfgang Maresch behauptet, dass er unmittelbar nach dem Fund in Lebring in der Wohnung Zieglers Nachschau gehalten und dabei zahlreiche Blutspuren festgestellt habe. „Sie alle rühren von Menschenblut her." Leider sei es verabsäumt worden, einen Fleckerlteppich, den Maria Unterberger nach dem Verschwinden ihres Schwiegervaters gewaschen hat, zu beschlagnahmen, bedauert Maresch vor Gericht und führt weiters aus, dass bei Zirngast ein „auffallend schweres und kräftiges Messer" sichergestellt worden sei, das für eine Zerstückelung des Opfers gut geeignet gewesen wäre. Der zweite Gerichtsmediziner, der vor Gericht aussagt, ist Prof. Dr. Werkgartner: „Die Kopfverletzungen deuten darauf hin, dass Emmerich Ziegler erschlagen worden ist, bevor er zerstückelt wurde. Die Art der Verletzungen lässt auf Hackenhiebe schließen, einige leichtere Hiebverletzungen könnten von einer Frauenhand stammen." Laut Werkgartner sei der Rentner nicht in seinem Haus ermordet worden, sondern möglicherweise in einem auf dem Nachbargrundstück gelegenen Pferdestall, zu dem Zirngast damals Zutritt gehabt habe.

Als Tatmotiv werden familiäre Streitigkeiten angenommen. Nach Ansicht des Psychiaters Dr. Richard Zigeuner sei der Angeklagte seiner Lebensgefährtin in intellektueller Hinsicht unterlegen. Bei Maria Unterberger seien gewisse männliche Züge sowie psychopathische Züge mit Kontaktstörung, Reizbarkeit und Tendenz zu anomalen Verhaltensweisen zu erkennen.

Die Geschworenen machen es sich bei der Wahrheitsfindung nicht leicht, sie gehen sogar jenen Weg, den Emmerich Ziegler vor seinem

Tod gegangen ist – vom Gasthaus Kerngast in Badl bis nach Deutsch-feistritz, zum Haus Nummer 89. Dann veranlasst der Vorsitzende Dr. Cimansen, dass die versiegelte Haustür geöffnet wird, und Geschworene, Richter, Staatsanwalt und Sachverständige treten ein. Im Vorraum und in der Küche erkennen die Gerichtsmediziner die verblassten Blutflecken sofort wieder.

Dr. Groß, der Verteidiger von Maria Unterberger, weist in seinem Plädoyer darauf hin, dass der Tatort nicht gefunden worden sei und die Umstände der Tat nicht erwiesen seien. Niemand habe im Prozess die Frage gestellt, wer von den beiden eigentlich der Mörder sei. Zirngast-Verteidiger Dr. Pacher behauptet, dass die Anklagebehörde die Aussagen der Angeklagten als unrichtig dargestellt hätte. Ein Mörder sei wohl nicht so unklug und verstecke das Messer und die blutbefleckte Schürze in seiner Wohnung.

Am 5. Juni 1959 wird der Wahrspruch der Geschworenen verkündet: Die Hauptfragen auf Mord sind mit vier Ja- und vier Nein-Stimmen beantwortet worden, das heißt Stimmengleichheit und daher Freispruch von der Mordanklage für Maria Unterberger und Anton Zirngast.

Übrigens: Die restlichen Leichenteile von Emmerich Ziegler wurden nie gefunden.

Heiratsschwindler und Frauenmörder

Max Gufler (1951, 1952, 1958)

Der Waschmaschinenvertreter Max Gufler machte sich an alternde Frauen heran, die Wärme und Geborgenheit suchten – und versprach ihnen die Ehe. Aber wer ihn liebte, musste sterben. Als erster Serienmörder, der seine tödlichen Spuren quer durch Österreich zog, schrieb der „Blaubart von St. Pölten" Kriminalgeschichte. Und es war auch das erste Mal in der Zweiten Republik, dass die Ermittlungen von einer überregionalen Mordkommission geführt wurden.

**

Die Frau liegt in einem seichten Bach, mit dem Gesicht nach unten. Sie trägt ein weißes Perlonkleid mit roten Tupfen, die aussehen wie große Erdbeeren. Die Tote hat keine Schuhe an und auch keine Unterwäsche. „Da stimmt etwas nicht", sagt ein Kriminalbeamter zu seinem Kollegen und schüttelt den Kopf: „Es kann nicht sein, dass das Wasser einer Toten die Unterwäsche auszieht, aber die Kleider anlässt", sagt er. „Vielleicht war es der Schwammerlsucher, der sie gefunden hat", antwortet der andere. „Aber wieso sollte er ihr die Wäsche ausziehen. Und wer ist die Tote überhaupt?"
Auf alle diese Fragen weiß niemand eine Antwort. „Nichts deutet auf

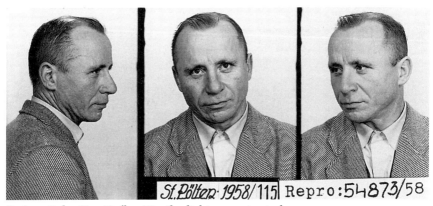

Serienmörder Max Gufler: Wer ihn liebte, musste sterben

ein Sexualverbrechen hin, vielleicht hat sie Selbstmord begangen", bemerkt ein Gendarm. Man findet keine Handtasche, keine Ausweispapiere, kein Geldbörsel, nichts, was zur Feststellung der Identität beitragen würde. Nur zwei Schlafmittelröhrchen liegen am Ufer des Baches unweit der Toten, eines ist voll, das andere leer.

Am Vormittag des 22. September 1958 wird die unbekannte Tote vom Kaltenbachgraben bei Pernegg in das Gerichtsmedizinische Institut nach Graz gebracht und von Professor Dr. Werkgartner obduziert. „Sie liegt seit etwa acht Tagen im Wasser, in der Lunge sind Schlamm und Algenteilchen, eine Gewaltanwendung ist nicht feststellbar", stellt der Gerichtsmediziner fest. „Aber in ihrem Magen befinden sich Reste des Schlafmittels Somnifen." Das bestärkt die Vermutung, dass die Frau Selbstmord verübt hat. „Schließen Sie einen Mord aus?" fragt ein Kriminalist. „Auszuschließen ist gar nichts", sagt Werkgartner. „Es ist möglich, dass die Frau zuerst betäubt und dann ins Wasser geworfen wurde. Fest steht nur: Sie ist ertrunken!"

Die unbekannte Tote ist zwischen 35 und 40 Jahre alt, 1 Meter 59 groß, hat auffallend zarte Hände und im Oberkiefer eine Prothese mit 15 Zähnen. Am Hals weist sie eine Narbe auf, die von einer Kropfoperation stammt. Trotz dieser markanten Merkmale, die tags darauf in den Medien veröffentlicht werden, erhalten die Kriminalisten keine Hinweise. Niemand scheint diese Frau aus dem Kaltenbachgraben zu vermissen – die Tote wird einige Tage später ohne jedes Zeremoniell begraben.

Wie sollen die Kriminalbeamten feststellen, ob es sich um Selbstmord oder Mord handelt, wenn sie nicht einmal den Namen der Frau kennen?

Vier Wochen vergehen, da nimmt der „Fall der unbekannten Toten" eine plötzliche Wende.

Am 23. Oktober 1958 erhält der Werkmeister Josef Robas in Villach einen merkwürdigen Brief aus München.

„Verehrter Herr Robas. Die Hausfrau Maria Robas wurde in Köln operiert und aus dem Spital entlassen. Auf dem Weg vom Krankenhaus zum Bahnhof wurde sie von einem Lkw überfahren und getötet." Als Zeuge ist ein Notar aus Innsbruck angeführt, unterzeichnet ist das Schreiben mit dem Namen „Eberharter".

Die Opfer des „Blaubarts" von St. Pölten: alleinstehende Frauen ...

„Meine geschiedene Frau soll tot sein?" wundert sich der Villacher. „Warum hat sie mir nichts davon gesagt, dass sie in Deutschland operiert wird? Wer ist dieser Eberharter?" grübelt er. Robas fährt nach Reifnitz, zu dem Haus, das seine Exgattin seit der Scheidung als Pension geführt hat.

Als er das Gebäude betritt, macht er eine Entdeckung, die ihn Schlimmes ahnen läßt: Die Zimmer sind bis auf wenige Möbelstücke ausgeräumt, sämtliche Haushaltsgeräte, die Betten, das Bettzeug, die Handtücher, die Kleider – das alles ist verschwunden.

„Vor ein paar Tagen war der Verlobte Ihrer Frau da und hat alles abtransportiert", erfährt der Werkmeister von einer Nachbarin und wundert sich darüber, dass seine Exfrau wieder heiraten wollte.

„Wenn das so gewesen wäre, hätte sie mich wahrscheinlich informiert", überlegt Robas kurz und sucht den nächsten Gendarmerieposten auf. Er berichtet dem diensthabenden Beamten, was er gesehen hat, und zeigt ihm den mysteriösen Brief aus München. Der Gendarm greift zum Telefon und ruft den Notar in Innsbruck an. „Ich bedaure, ich kenne diese Frau nicht, und ich war auch nie in Köln", sagt der Jurist am anderen Ende der Leitung und legt auf.

Jetzt beginnt sich die Kripo für den Fall zu interessieren. Man legt dem Villacher Fotos und Beschreibungen von Frauen aus ganz Österreich vor, die tot aufgefunden worden sind und nicht identifiziert werden konnten. Unter ihnen befindet sich auch die Tote vom Kaltenbachgraben. Als Robas die Beschreibung liest, sagt er: „Ja, das könnte sie sein, das weiße Perlonkleid mit den roten Tupfen, die Zahnprothese, die Narbe am Hals, das trifft auf meine Exfrau zu." Er kennt auch den Namen des Zahnarztes, der die Prothese angefertigt hatte.

Jetzt endlich steht die Identität der Unbekannten fest: Es ist die 49-jährige Maria Robas. Und jetzt beginnt auch die Jagd nach jenem angeblichen Verlobten, der die Möbel, Küchengeräte und Kleider aus dem Haus in Reifnitz abgeholt hat. Schon bald stoßen die Kriminalisten dabei auf den 50-jährigen Waschmaschinenvertreter Max Gufler aus St. Pölten, der am 17. September gemeinsam mit Maria Robas Reifnitz verlassen hatte und einige Tage später in ihrer Begleitung in Pernegg gesehen worden ist.

Vieles spricht dafür, dass Gufler mit dem Tod von Maria Robas etwas zu tun hat. So hat er einen Scheck in der Höhe von 24.000 Schilling, der auf Maria Robas ausgestellt war, in Villach eingelöst. Maria Robas hatte sich vor ihrem Verschwinden von Bekannten 14.000 Schilling ausgeborgt und von ihrem Sparbuch 8000 Schilling abgehoben. Das Geld aber ist verschwunden.

* * *

Verschwunden ist seit Tagen auch die Rentnerin Julie Naß aus Fohnsdorf.

In den Oktobertagen des Jahres 1958, während die Kriminalisten mit der damals noch unbekannten Toten vom Kaltenbachgraben beschäftigt sind, fährt ein goldoliv-elfenbeinfarbener DKW mit niederösterreichischem Kennzeichen vor dem Haus der 48-jährigen Julie Naß in Fohnsdorf vor. Der Mann, der aussteigt, trägt eine lederne Kniehose und eine braune Lederweste und tut so, als ob er hier zu Hause wäre, ein stämmiger Mann mit schütterem, dunkelblondem Haar und blauen Augen.

„Ich bin ein einfacher Mensch, habe auch nie viele Worte gemacht. Aber ich glaube, dass die Liebe etwas Heiliges ist", schrieb er an Julie Naß, nachdem er ihr Heiratsinserat in einer Wiener Wochenzeitung gelesen hatte. Nun ist er da, der Mann, der mit so zärtlichen Worten

... die Liebe und Geborgenheit suchten

alternde, alleinstehende Frauen bezaubern kann.

„Ich heiße Max Gufler", stellt er sich Julie Naß vor. „Ich rauche nicht, ich trinke nicht, bin ledig und betreibe eine kleine Versicherungsagentur. Was mir fehlt, ist ein liebes Weiberl." Julie Naß hat sofort Vertrauen zu diesem Max Gufler, sie berichtet ihm von einer Erbschaft über 6500 Schilling, die könne sie zu einer Ehe beisteuern, sagt sie. „Aber ich will möglichst rasch von hier weg." Das kommt Gufler sehr gelegen, und schon nach einigen Stunden beobachtet die Schwägerin, wie Julie Naß und Max Gufler ihre Habseligkeiten zum Auto tragen und kurze Zeit später wegfahren.

Der Bruder und die Schwägerin wissen nicht, wohin Julie mit dem Mann gefahren ist. Sie kennen nicht einmal seinen richtigen Namen, denn Max Gufler hat sich als Max Soundso vorgestellt. Am 29. Oktober erhält der Gendarmerieposten Fohnsdorf ein kleines Päckchen aus Wien. Darin befinden sich die Wohnungsschlüssel der Rentnerin und ein maschinengeschriebener Zettel, auf dem kurz und bündig steht: „Fahre nach Deutschland und melde mich polizeilich von meiner Heimat für ständig ab." Das Inventar, so steht weiters geschrieben, gehöre ihrem Bruder. Unterschrieben ist der Zettel mit Julie Naß. Als die Gendarmen das Schreiben dem Bruder zeigen, stellt dieser auf den ersten Blick fest: „Das ist nicht die Unterschrift meiner Schwester."

Julie sei am 16. Oktober mit ihrem Verlobten nach Wien gefahren, teilt er den Beamten mit. Am 18. Oktober, also zwei Tage später, so die

Zeugin, sei der Mann allein noch einmal im Haus Judenburgerstraße 14 aufgetaucht. Er habe ihr mitgeteilt, dass Julie in Wien eine Anstellung in einem Zeitungsbetrieb gefunden habe. Mit einigem Inventar und einer Nähmaschine habe er das Haus wieder verlassen. Der Bruder hat sich vorsorglich das Kennzeichen am Auto notiert: N 183.097.

Max Gufler wird in seiner Wohnung in St. Pölten verhaftet und bestreitet jeden Zusammenhang mit dem Tod der beiden Frauen, aber die Indizien sind erdrückend: Im Haus von Maria Robas in Reifnitz haben die Kriminalisten einen Garantieschein für eine Waschmaschine mit der Unterschrift Guflers gefunden. Bei der Hausdurchsuchung in St. Pölten wurde die Waschmaschine sichergestellt, die Gufler Robas verkauft hatte, sowie eine Nähmaschine, zahlreiches Inventar, Damenhandtaschen, Frauenkleider und ein Koffer mit Gablonzer Schmuck, der ein Jahr zuvor dem 43-jährigen Schmuckvertreter Richard Wagner aus Baden geraubt worden war. Gufler hatte Wagner im Auto mitgenommen, ihn unterwegs aber aus dem Wagen geworfen und mehrmals überfahren.

* * *

Mit diesem DKW holte der Waschmaschinenvertreter Max Gufler seine Opfer ab

Niemand hat damals dem Schmuckvertreter geglaubt, auch die Polizei nicht. Aber jetzt, nachdem der Schmuck sichergestellt worden ist, interessiert sich die Kripo für den Fall. Jetzt befasst sich sogar eine überregionale Mordkommission, die sich aus Gendarmerie- und Polizeibeamten verschiedenster Dienststellen zusammensetzt, mit Max Gufler, denn es besteht der Verdacht, dass er weitere Morde begangen hat. Nicht nur bei Maria Robas waren Spuren von Somnifen festgestellt worden, sondern auch im Magen der Saisonköchin Josefine Kammleitner aus Neustadl bei Amstetten. Gufler hatte die Frau ebenfalls durch ein Heiratsinserat in Kitzbühel kennengelernt, wo sie zu dem Zeitpunkt beschäftigt war. Wenige Tage später wurde die Leiche bei Tulln aus der Donau geborgen.

1952 hatte Max Gufler in Schwaz in Tirol die Witwe Augustine Lindebner kennengelernt, nach einem Jahr starb sie unter mysteriösen Umständen.

Die Wiener Prostituierte Emilie Meystrzik ist am 27. März 1952 in ihrer Wohnung erdrosselt worden. Ihre Wertgegenstände wurden nun ebenfalls in Guflers Wohnung gefunden.

Der Juwelier Karl Kovaricek war am Weihnachtsabend 1951 in seinem Wiener Geschäft niedergeschossen und beraubt worden. Auch dieser Tat wird der Waschmaschinenvertreter aus St. Pölten verdächtigt, und schließlich gibt es noch einige Indizien dafür, dass Gufler auch in Deutschland mit dem Tod einer Frau in Zusammenhang steht.

Aber trotz aller Verdachtsmomente leugnet der St. Pöltener. Erst nach tagelangem Verhör gesteht er den Kontakt zu Maria Robas und Julie Naß. Er habe aber nur den Lockvogel gespielt, die Morde habe ein anderer ausgeführt. Er erzählt Märchen von einem Mann mit Perücke und nennt sogar Namen, schließlich aber legt er ein volles Geständnis ab. Er gesteht die Morde an Robas, Kammleitner, Meystrzik und Naß. Auch Julie Naß hat er mit dem Schlafmittel betäubt und in die Donau geworfen. Die Leiche wird nie gefunden.

Nach sieben Jahren wird nun auch die Leiche von Augustine Lindebner exhumiert. Tatsächlich finden sich bei der Toten Spuren von Somnifen, und Gufler gibt beim Verhör auch zu, ihr vergifteten Schnaps gegeben zu haben, doch die genaue Todesursache kann nicht mehr eindeutig festgestellt werden. Für eine Mordanklage reicht es in

Max Gufler auf der Anklagebank im Wiener Straflandesgericht

diesem Fall nicht. Auch der Mord in Deutschland kann dem „Blaubart von St. Pölten", wie Gufler jetzt genannt wird, nicht nachgewiesen werden.

* * *

Für die meuchlerischen Raubmorde an Emilie Meystrzik, Josefine Kammleitner, Maria Robas und Julie Naß sowie die beiden Raubmordversuche an Karl Kovaricek und Richard Wagner, wegen mehrfachen Betruges und Heiratsschwindels muss sich Max Gufler vom 10. April bis 6. Mai 1961 vor einem Wiener Geschworenengericht verantworten. „Max Gufler – Spießbürger im blauen Sonntagsanzug", lautet in der Kleinen Zeitung die Überschrift des Berichtes vom ersten Prozesstag. „Zwei Schriftführerinnen mussten drei Stunden lang die 66 Seiten umfassende Anklageschrift verlesen", heißt es weiters.

Der Angeklagte leugnet vor Gericht: „Alle Geständnisse sind meiner Phantasie entsprungen", behauptet er und kündigt an: „Ich kann meine Unschuld beweisen, ich bin auf Draht."

Er kann es nicht – Max Gufler wird in allen Anklagepunkten schuldig gesprochen und zu lebenslangem schwerem Kerker mit einem Fasttag halbjährlich und hartem Lager sowie Dunkelhaft an jedem Jahrestag der vier Morde verurteilt.

Am 9. August 1966 stirbt der „Blaubart" in der Grazer Strafvollzugsanstalt Karlau an Magenkrebs.

* * *

Der Grazer Kriminaloberst Robert Schweighofer erinnert sich persönlich noch an Max Gufler. Er war etwa 14 Jahre alt, als er dem Vertreter half, einem Nachbarn eine Waschmaschine zu verkaufen, und dafür von Gufler eine Belohnung von 50 Schilling bekam. „Das war damals viel Geld", so Schweighofer.

„Es muß Mitte der Fünfzigerjahre gewesen sein", so der Oberst, „da war Gufler mit einem VW-Bus auf dem Bauernhof meiner Eltern in Rabenwald aufgetaucht. Waschmaschinen waren damals etwas ganz Besonderes. Mein Vater kaufte Gufler eine ab." Der Vertreter übernachtete bei der Familie Schweighofer, erzählte vom Krieg, in dem er Sanitäter gewesen war. Schweighofer: „Ich sehe den Mann noch vor mir, er hat erzählt und erzählt – und wunderschön gesungen. Er war ein lustiger Mensch, dem niemand solche Taten zugetraut hätte."

Tot im Werkskanal

Der Fall Christian L. (1960)

Im Landgasthaus Pöllabauer bei Oberaich wird Silvester gefeiert, Silvester 1959. Auch die Brüder Christian, Johann und Franz L. aus Picheldorf „rutschen" beim Pöllabauer in das neue Jahr hinüber, ehe sie sich auf den Heimweg machen. Als letzter der Brüder verlässt Christian, der Jungbauer, am 1. Jänner 1960, kurz vor drei Uhr früh, das Lokal. Wenig später ist er tot. Zehn Menschen sind in der Nähe und hören, wie Christian L. in den E-Werks-Kanal stürzt. Aber nur zwei von ihnen versuchen zu helfen, die anderen gehen unbekümmert weiter.

„Wir haben uns nicht viel dabei gedacht, es ist halt einer in den Kanal gefallen", rechtfertigt später ein Zeuge vor der Gendarmerie sein Nichtstun, und eine Frau bemerkt: „Ich habe mir schon gedacht, dass es ein Mensch ist, der da in der Dunkelheit im Wasser schwimmt", sie erinnert sich tags darauf aber nicht mehr daran, dass ein Mann aus der feuchtfröhlichen Silvesterrunde gemeint hatte: „Lasst's es sein, es is eh ein Fremder." Was zunächst wie ein Unfall aussieht, entwickelt sich zu einem der aufsehenerregendsten Kriminalfälle der Sechzigerjahre.

* * *

Johann L. (rechts) in Handschellen

81

In diesem E-Werks-Kanal in Oberaich ertrank der Bauer Christian L.

Die Leiche von Christian L. kann erst am 9. Jänner 1960 geborgen werden, weitere fünf Tage später wird der Gerichtsmediziner Prof. Wolfgang Maresch angefordert. Die Obduktion erfolgt unter äußerst schwierigen Umständen, weil die Leiche vollkommen gefroren ist. Daher können die genaueren Untersuchungen erst am nächsten Tag im Labor durchgeführt werden, und trotzdem wird der Leichnam zur Beerdigung freigegeben.

Als die technische Assistentin das Röhrchen mit der sichergestellten und inzwischen aufgetauten Gehirnflüssigkeit Dozent Maresch übergibt, bemerkt sie: „Riechen Sie einmal, das riecht wie eine Narkose." Auch der Gerichtsmediziner nimmt den Äthergeruch deutlich wahr, und so eilt er zu seinem Chef Prof. Wiesinger, der ebenfalls sofort überzeugt ist: „Äther."

Wie aber kann Äther bei einer so geringen Menge Gehirnflüssigkeit nachgewiesen werden? Der Geruch allein reicht als Beweis keineswegs aus. So versuchen die Experten auf der Gerichtsmedizin, den Äther über die Blutalkoholbestimmungen nachzuweisen. Schon das erste Ergebnis bestätigt den Verdacht. Drei Tage später wird neuerlich ein Versuch unternommen – und wieder kann der Äther einwandfrei nachgewiesen werden. Zu dem Zeitpunkt ist Christian L. aber bereits beerdigt.

Am 21. Jänner wird von der Leobner Staatsanwaltschaft die Exhumierung des Toten beantragt. Viel verspricht man sich davon nicht, denn die Leiche ist längt aufgetaut, und die Wahrscheinlichkeit, dass sich der Äthergeruch bereits völlig verflüchtigt hat, ist groß. Die Untersuchung verläuft tatsächlich wie erwartet, sie bringt keine neuen Erkenntnisse.

Die nächste Frage, die sich den Gerichtsmedizinern und Gendarmen stellt: Wie kam der Äther in den Körper des Bauern? Jemand könnte ihm einen mit Äther getränkten Wattebausch oder ein Taschentuch unter die Nase gehalten haben. Oder hat ihm im Gasthaus jemand Äther in den Alkohol gemischt? Beides ist möglich.

Trotz dieser vielen Ungereimtheiten erfährt die Mordgruppe der Erhebungsabteilung des Landesgendarmeriekommandos erst am 29. Jänner davon. Erst mit großer Verspätung nehmen Mordgruppenchef Franz Antel und seine Mannen die Arbeit auf, die sich schwierig und zäh gestaltet – und dennoch scheint der Fall einige Tage später bereits geklärt zu sein.

Im Februar 1960 werden der 23-jährige Johann und der 19-jährige Franz L. unter Mordverdacht festgenommen, in weiterer Folge werden auch ihre 24-jährige Schwester Maria und ihre 52-jährige gleichnamige Mutter verhaftet.

* * *

Der Prozess gegen die Bäuerin, ihre zwei Söhne und ihre Tochter beginnt am 20. September 1960 im Kreisgericht Leoben unter dem Vorsitz von Oberlandesgerichtsrat Dr. Brunold. Die Anklage von Staatsanwalt Dr. Grill-Kiefger stützt sich auf die Geständnisse der beiden Brüder. Franz L. hatte vor Kriminalisten und dem Untersuchungsrichter gestanden, bei der Gegenüberstellung mit seinen Geschwistern zwar widerrufen, aber bei der Einvernahme durch den Vorsitzenden Dr. Brunold Ende August noch einmal alles zugegeben. Am Nachmittag des Silvestertages, so geht aus der Anklageschrift hervor, sei daheim in der Stube von der Bäuerin Maria L. die Befürchtung geäußert worden, dass die Familie vom Hof verschwinden müs-

Johann L. beim zweiten Prozess in Wien   *Maria L. vor Gericht*

se, wenn Christian einmal heiraten würde. „Wir müssen den Christl verjagen", soll die Mutter, laut Geständnis von Sohn Franz, gesagt haben.

Nach dem Tod ihres Mannes Kilian war Maria L. gemeinsam mit ihrem ältesten Sohn Christian Besitzerin der Landwirtschaft und des Bauernhofes geworden. Im Falle einer Heirat hätte die Mutter ihren Besitzanteil gegen eine Barzahlung von 32.000 Schilling an Christians Frau übergeben müssen. Die übrigen sieben Geschwister hätten laut Grundbucheintragung als Erbteil 4616 Schilling erhalten, worin der Staatsanwalt ein mögliches Mordmotiv sieht. Maria L., die beiden Söhne und ihre Tochter sollen den Mord geplant und Johann L. ihn dann auch ausgeführt haben. Mit Äther, so die Anklage, habe er Christian auf dem Heimweg von der Silvesterfeier betäubt und ihn dann in den Kanal gestoßen. Das hat nicht nur Franz wiederholt ausgesagt, sondern auch sein Bruder Johann beim Lokalaugenschein am 17. Februar 1960 gestanden. Am 3. März hat dieser sein Geständnis nochmals vor dem Untersuchungsrichter wiederholt und behauptet, dass ihn seine Mutter und die Schwester „Mitzi" zur Tat angestiftet hätten. Auch die Bäuerin hat beim Gendarmerieverhör einmal bemerkt: „Ich bin nicht allein die Schuldige."

Da ist aber noch ein dunkler Punkt im Leben der Frau, der jetzt bei der Schwurgerichtsverhandlung als ein weiteres Indiz für ihre Täterschaft verwendet wird: Maria L. war schon 1936 wegen versuchten Meuchelmordes und Anstiftung zum Meuchelmord verurteilt worden. Sie hat damals laut Verfahren ihre Dienstmagd angestiftet, die Schwägerin zu ermorden, der nämlich ein Erbteil von 1200 Schilling zugestanden wäre. Die Magd sollte das Opfer in die Mur stoßen oder mit Arsen vergiften. In dieser Handlungsweise der Bäuerin sieht der Staatsanwalt eine Ähnlichkeit mit dem Verbrechen an Christian L.

* * *

Vor Gericht bekennen sich die Angeklagten für nicht schuldig, auch der Jüngste nicht, der zuvor dreimal gestanden hat. Die Gendarmen in Bruck hätten ihm das „vorgeredet", so lange, bis er erschöpft gewesen sei und alles zugegeben habe. Als ihm der Vorsitzende vorhält, dass er ja auch bei ihm gestanden habe, schweigt der Angeklagte.

Besonders wortkarg gibt sich Johann vor Gericht. Jetzt behauptet er entgegen seinen früheren Geständnissen: Sein Bruder sei in „selbstmörderischer Absicht ins Wasser gegangen". – „Die Mitzi tut, als ob sie die Bäuerin wäre. Pfüat di Gott", sollen Christians letzte Worte gewesen sein, ehe er gesprungen sei.

Die Schwester des Opfers beteuert, „dass sie von nix was gehört" habe. Sie habe nichts angestellt und daher bei den Einvernahmen durch Gendarmerie und Untersuchungsrichter auch nie etwas gestanden. Ihr Bruder habe einen Neubau begonnen und Schulden gehabt, im Jänner sei ein Wechsel fällig geworden. Sie weiß auch, dass Christian im Dezember 1959 einen stark „benebelten" Zechgenossen auf einem Wirtshaustisch mit Kerzen aufgebahrt habe. Dabei habe er gesagt: „Ich geh net zu deiner Leich, sondern du wirst zu meiner gehn." Trotzdem, so Maria L., glaube sie eher an einen Unfall als an Selbstmord.

„Ich behaupt' halt alleweil, dass er hineing'fallen ist, er ist nicht hineing'schmissen word'n, Herr Vorsitzender", sagt die Mutter. „Ich kann's schwören, dass net a bissl was besprochen word'n ist." Ihren toten Sohn schildert sie vor den Geschworenen als stillen, schüchternen Menschen, der nie etwas reden oder anschaffen wollte, obwohl er der Bauer war.

Der Leiter der Morderhebungen, Bezirksinspektor Franz Antel, berichtet dem Gericht von der Einvernahme und den Aussagen der Angeklagten und vom Geständnis des Hauptangeklagten. Nachdem der Verdächtige den Gendarmen am ersten Tag der Befragung die

Selbstmordtheorie aufgetischt hatte, behauptete er am nächsten Tag plötzlich: „Jetzt sehe ich es ein, es war ein Unsinn. Ich habe meinen Bruder in den Kanal gestoßen, weil es so ausgemacht war. Der Christian hat sich um die Wirtschaft nicht gekümmert, und wenn er geheiratet hätte, wären wir mit 4000 Schilling abgefertigt worden. Die Mutter hat gesagt, der Christian muss weg ..."

Revierinspektor Erich Pacher vom Posten Bruck ist ein wichtiger Zeuge vor Gericht, er war dabei, als Franz L. folgende Aussage gemacht hat: „Wir haben die Mutter gefragt, wer soll den Christian ertränken. Die Mutter hat uns der Reihe nach angeschaut und hat gesagt: Einer von euch muss es machen. Hans und Maria haben dann gefragt, wann und wo und wie der Christl ertränkt werden soll. Ich und der Hans haben gesagt: Uns ist es gleich, wann es gemacht wird."

Die Geständnisse von Franz und Johann L. vor dem Untersuchungsrichter waren auf Tonband aufgenommen worden und werden nun im Beweisverfahren den Geschworenen vorgespielt. 40 Minuten lang sind die Stimmen der Angeklagten zu hören. Franz: „Zweimal hat die Mutter g'sagt, dass man den Christl in den Kanal schupfen soll, und die Mitzi hat g'sagt, dass man Gift nehmen soll." Johanns Aussage auf dem Tonband: Er hätte dem Bruder Christian auf dem Weg zur Murbrücke unter einem Kirschbaum das Reizmittel Cerasan (ein Weizenbeizmittel, das aber nicht dazu geeignet ist, jemanden zu betäuben) unter die Nase gehalten. Der Untersuchungsrichter: „Haben Sie die Wirkung festgestellt?" – Johann L.: „Bissl schwindlig word'n ist er'." Richter: „Hat er sich wieder erholt?" – Johann: „Nein, schlechter word'n ist es." Richter: „Wohin sind sie gegangen?" – L.: „Bis zum Kanal." – Richter: „Und dort?" – „Dort ist er einig'flogen."

Dr. Zeiler, der den 19-jährigen Franz verteidigt, weist in seinem Plädoyer darauf hin, dass das Beweisverfahren keinen Beweis für die Schuld seines Mandanten erbracht habe, und der Verteidiger der übrigen drei Angeklagten, Dr. Peter Stern, spricht von einer Tragödie und fordert die Geschworenen auf, streng zu prüfen, ob sie einen Schuldspruch auf ihr Gewissen laden könnten.

Mit fünf gegen drei Stimmen sprechen die Geschworenen Maria L. der Anstiftung zum Mord und Johann wegen tückischen Mordes schuldig. Das Strafausmaß: lebenslang für die Mutter, 15 Jahre schwerer Kerker für den Sohn. Tochter Maria und Franz L. werden freigesprochen und sofort enthaftet.

Die Staatsanwaltschaft Leoben erhebt gegen die beiden Freisprüche Nichtigkeitsbeschwerde, blitzt damit aber ab. Hingegen werden die Strafen für Maria und Johann L. vom Oberlandesgericht bestätigt. Doch damit ist die Affäre noch lange nicht zu Ende, denn der Oberste Gerichtshof gibt der Nichtigkeitsbeschwerde von Dr. Peter Stern Recht und hebt die Urteile auf.

* * *

Am 24. Februar 1964 wird der Fall vor einem Wiener Geschworenengericht neu aufgerollt. Der Prozess ist wiederum für eine Woche anberaumt und bringt zunächst keine neuen Details ans Tageslicht, nimmt aber am letzten Tag eine entscheidende Wende. Ausschlaggebend dafür sind die Sachverständigen. Psychiater Dr. Jech kommt auf die Gefühlskälte von Maria L. zu sprechen und behauptet, man müsse die bäuerliche Mentalität, die weniger sentimental sei, berücksichtigen. Überraschend fällt das Gutachten von Prof. Dr. Breitenecker aus: Äther, so der Wiener Gerichtsmediziner, sei Christian L. keinesfalls zu Lebzeiten verabreicht worden. „Wieso der Äther in das Röhrchen mit der Gehirnflüssigkeit gelangt ist, kann heute nicht mehr geklärt werden. Aber es ist erwiesen, dass er nicht aus der Leiche stammt", ist Breitenecker überzeugt.

Die Geschworenen sprechen die beiden Angeklagten mit fünf gegen drei Stimmen frei. Maria L. und ihr Sohn Johann werden sofort freigelassen und können die Heimreise nach Picheldorf antreten.

* * *

Ein tragisches Detail am Rand dieses aufsehenerregenden Falles: Jahre nach dem Tod von Christian stürzt Ferdinand L., ein weiterer Bruder, im alkoholisierten Zustand in den E-Werks-Kanal in Picheldorf und ertrinkt darin.

Die Tote am Garagentor

Der Fall Hannelore Gruber (1961)

„Dirndl wach auf, so wach endlich auf!" Kräftig schüttelt der Bauarbeiter Franz L. die junge Frau, die an der Garagenwand kauert. Er vermutet, dass sie betrunken ist und schläft, aber sie reagiert nicht, sie ist tot.

Es ist Montag, der 17. Oktober 1961, 6.30 Uhr, als Franz L. den Gendarmerieposten Bruck verständigt.

Opfer Hannelore Gruber

„Kommt schnell in die Gartengasse, ich habe eine Leiche gefunden." Die Gendarmen und die Kriminalisten eilen sofort zum Tatort und geben Mordalarm. An der Tür der Garage von Bürgermeister Hahn hängt ein totes Mädchen, deren Unterwäsche verstreut im Garten liegt. Schon nach kurzer Zeit steht die Identität der Toten fest, es handelt sich um die 17-jährige Hannelore Gruber aus Bruck an der Mur.

* * *

Sonntag abend spielte im Stadtkino der Film „Graf Bobbys Abenteuer" mit Peter Alexander in der Hauptrolle. „Den schaue ich mir mit meiner Freundin an", sagte die junge Frau zu ihren Eltern und ihrer Schwester, als sie sich verabschiedete. Es ist ein Abschied für immer, Hannelore Gruber kam nicht mehr nach Hause. Statt ins Kino zu gehen, traf sie sich mit einem jungen Mann, ihrem Mörder.

* * *

Die Nachricht vom Mord an Hannelore Gruber verbreitet sich wie ein Lauffeuer und sorgt für Gesprächsstoff in der ganzen Stadt. Während die Gendarmen am Tatort und in der unmittelbaren Umgebung nach Spuren suchen, beginnen der Brucker Expositurleiter der Erhebungsabteilung,

Johann Lausecker, und seine Mannen mit den Recherchen. Wo war das Opfer am Abend des 15. Oktober wirklich gewesen, wo traf es sich mit seinem Mörder? Das sind die vordringlichsten Fragen, auf die sich die Kriminalisten bei ihren Ermittlungen konzentrieren.

Die Suche nach möglichen Zeugen beginnt. Die Gendarmerie setzt sogar Lautsprecherwagen ein, die ständig durch die Stadt fahren und die Bevölkerung auffordern, Wahrnehmungen zu melden.

Tatsächlich gelingt es auf diese Art und Weise, mehrere Zeugen ausfindig zu machen, die Hannelore Gruber mit ihrem Begleiter gesehen haben. Einer dieser Zeugen ist Johann P., der Freund von Lotte H., mit der sich Gruber eigentlich „Graf Bobbys Abenteuer" ansehen wollte.

„Ja, ich bin Hannelore gegen 19.30 Uhr vor dem Gewerkschaftshaus

Der Tatort in der Gartengasse in Bruck

begegnet. Aber sie war nicht allein, in ihrer Begleitung befand sich ein Mann", erinnert sich P. und beschreibt den Unbekannten wie folgt: 28 bis 30 Jahre alt, langes gekraustes Haar, ein breites Gesicht.

Auch eine Nachbarin der Familie Gruber gibt zu Protokoll, Hannelore mit einem jungen, ihr unbekannten Mann gesehen zu haben.

Aufschlüsse erhoffen sich die Kriminalisten durch die Obduktion der Leiche. Bei Hannelore Gruber habe es sich um ein „leichtes Mädchen" gehandelt, bekommen die Kriminalisten bei ihren Erhebungen immer wieder zu hören. Diese Behauptungen erweisen sich aber als schäbige Verleumdung und als unrichtig, Gerichtsmediziner Wolfgang Maresch stellt nämlich fest: „Hannelore Gruber kann keinen Geschlechtsverkehr gehabt haben, sie ist noch Jungfrau."

Die Obduktion ergibt weiters: Das Opfer ist mit seinem Perlonschal erdrosselt und ans Garagentor gehängt worden. Der Schal ist gerissen, die junge Frau zu Boden gesackt. So wurde sie Stunden später aufgefunden.

Die Tote weist im Gesicht und an den Beinen blutige Wunden auf, an ihren Händen sind Abwehrspuren zu sehen. „Sie muss mit dem Täter einen furchtbaren Kampf geführt haben", schließt der Gerichtsmediziner daraus.

Trotz dieser neuen Erkenntnisse und der vielen Zeugenaussagen kommen die Kriminalbeamten bei den Ermittlungen zunächst nicht viel weiter. Nur eines steht für sie fest: Wenn Hannelore Gruber auch nicht vergewaltigt worden ist, es handelt sich eindeutig um einen Sexualmord.

Tage vergehen, dann erfahren die Beamten aus der Bevölkerung von einem 23-jährigen Brucker, auf den die Täterbeschreibung zutrifft. Der Werksarbeiter Franz L. – er ist nicht identisch mit dem Bauarbeiter, der die Tote aufgefunden hat – wird ins Kreuzverhör genommen. Aber nach stundenlanger Einvernahme darf er wieder nach Hause, die Kriminalisten können ihm den Mord nicht nachweisen.

Ein Jahr später sorgt der Verdächtige wiederum für Aufsehen – und neuerliche Verdachtsmomente: Nachdem er in eine „Frauengeschichte" verwickelt war, erhängt er sich in der Toilette einer Diskothek.

* * *

38 Jahre später – wir schreiben März 2000 – ist der Sexualmord an Hannelore Gruber noch immer ungeklärt. Für den pensionierten

Expositurleiter Johann Lausecker steht jedoch außer Zweifel: „Der Werksarbeiter Franz L. war der Mörder." Er erinnert sich noch ganz genau an den Verdächtigen und an den Augenblick, als dieser vor ihm im Vernehmungszimmer Platz genommen hat. „Ich habe an der Krawatte des Verdächtigen einen roten Faden entdeckt", erinnert er sich. „Ein solcher Faden hat sich auch unter einem Fingernagel der Toten befunden." Er habe den Mann daraufhin aufgefordert, sein Hemd auszuziehen. Lausecker: „Da sah ich bei ihm unterhalb des Kehlkopfes Wunden. Für mich waren das Kratzverletzungen, typische Abwehrspuren. Aber die Sachverständigen konnten weder bei den vorgefundenen Fäden mit Bestimmtheit sagen, dass sie identisch sind, noch konnten sie nachweisen, dass es sich bei den Verletzungen um Kratzspuren handelte. Daher kam es nie zu einer Anklage!"

Obwohl er schon seit 18 Jahren in Pension ist – über den Fall Hannelore Gruber denkt Johann Lausecker noch oft nach.

Doppelmord aus Eifersucht

Erich Kaupe (1969)

Oberlandesgerichtsrat Dr. Markow diktiert seiner Sekretärin den internationalen Steckbrief: „Erich Kaupe, geb. am 11. 10. 1914 in Zohsee, ČSSR, geschieden, Hilfsschlosser, derzeit beschäftigungslos,

Erich Kaupe

zuletzt wohnhaft Dultstraße 25 in Gratkorn, jetzt unbekannten Aufenthaltes. Gesucht wegen Verbrechens des Mordes, Paragraph 134 ..."

Wenige Tage später wird weltweit nach dem Grazer Doppelmörder gefahndet, denn es besteht der dringende Verdacht, dass sich Erich Kaupe nach Australien abgesetzt hat. Zeit für seine Flucht hatte er ausreichend, denn die Tat liegt schon fast drei Wochen zurück.

* * *

Niemand bemerkt den Mörder, als er die Wohnung in der Finkengasse 15 in Graz betritt, niemand sieht ihn, als er nach der schrecklichen Bluttat flüchtet, und keiner der Nachbarn ahnt bis zum 30. Dezember 1969, dass die 46-jährige Magdalena Adler und ihre 86-jährige Mutter Barbara Wagner mit durchschnittenen Kehlen in den Betten im Schlafzimmer liegen. Sie vermuten, dass Magdalena Adler mit ihrem Lebensgefährten Erich Kaupe nach Deutschland gereist ist und ihre Mutter sich bei Bekannten aufhält. So vergehen drei Wochen, ehe der Doppelmord bekannt wird.

An diesem 30. Dezember 1969 aber will Nikolaus Karbach aus Deutschland mit Gattin und zwei Söhnen seine Mutter Barbara Wagner und seine Schwester Magdalena Adler in Graz besuchen. Ursprünglich war die Reise schon zu Weihnachten geplant gewesen, aber wegen Grippe musste sie verschoben werden. Nun aber ist der Besuch da – und der Deutsche und seine Familie freuen sich auf ein

Wiedersehen. Es ist schon spät am Abend, als das Ehepaar mit den beiden Söhnen in der Finkengasse 15 ankommt.

Doch als sie an der Wohnungstür läuten, gibt es keine Reaktionen, niemand öffnet. „Das versteh ich nicht", sagt Nikolaus Karbach zu seiner Frau Theresia. „Sie wissen doch, dass wir kommen. Ich frage die Nachbarn, vielleicht wissen sie, was los ist." Von den Nachbarn erfährt Karbach, dass sie seine Mutter und Schwester schon seit dem 12. Dezember nicht mehr gesehen haben.

Der Deutsche befürchtet Schlimmes und verständigt das Polizei-wachzimmer Keplerstraße. Ein Feuerwehrmann, ein Polizeibeamter und Nikolaus Karbach dringen in die Wohnung ein und machen die grausige Entdeckung: Die beiden Frauen liegen mit durchschnittenen Kehlen in ihren Betten.

Wenig später wird Mordalarm gegeben. Der Journalbeamte Dr. Jörg Hofreiter, Polizeiarzt Dr. Richard Zigeuner und der Kriminalbeamte Theodor Schöggl rücken aus. „Es handelt sich eindeutig um Mord", erkennt die Kommission sofort. Ein großes Durcheinander deutet auf einen Raubmord hin. Die Kastentüren sind aufgerissen. Anzüge, Kra-watten und Hemden, die, wie sich herausstellt, Erich Kaupe gehören, sind zerschnitten. Im Wohnzimmer hat der Mörder eine Schreibma-schine mit einem Hammer zerschlagen.

Die Kriminalbeamten bringen in Erfahrung, dass Magdalena Adler mit Erich Kaupe befreundet war und dieser häufig in der Wohnung in der Finkengasse 15 übernachtet hat. Von der Exgattin erfährt die Mordkommission, dass Kaupe eifersüchtig, jähzornig und brutal ist, dass er sie immer wieder verprügelt hat. Aus Angst vor ihm, so die Frau bei der Einvernahme, habe sie darüber aber geschwiegen.

Immer mehr Indizien deuten darauf hin, dass der gebürtige Tscheche den grausigen Doppelmord verübt hat. Er dürfte, das ergibt die Spu-rensicherung, Mutter und Tochter überrascht haben, entweder sie hatten bereits geschlafen oder sie wollten gerade zu Bett gehen, denn sie sind nur mit Nachthemden bekleidet. Als Tatwaffe wird ein scharfgeschliffenes Fleischermesser sichergestellt, als Motiv für die Morde wird Eifersucht angenommen.

* * *

Barbara Wagner und ihre Tochter hatten ein besonders schweres Schicksal hinter sich. Nach dem Krieg waren mehrere Mitglieder der aus Jugoslawien stammenden Familie nach Russland verschleppt worden. „Fünf Jahre wurden wir dort festgehalten", erinnert sich Nikolaus Karbach. „Mutter und Schwester haben besonders darunter gelitten."

Barbara Wagner war bereits zum zweiten Mal verwitwet, und auch der Mann ihrer Tochter ist vor zwei Jahren gestorben. Seither hat die 46-jährige Frau zurückgezogen bei ihrer Mutter gelebt. Jetzt sind auch die beiden Frauen tot, und ihr Mörder ist spurlos verschwunden.

Der Gesuchte hat am 9. Dezember und dann einen Tag später noch einmal bei einer Bank in Graz je 50.000 Schilling abgehoben, den gesamten Erlös aus dem Verkauf seines Hauses in der Dultstraße in Gratkorn. Dieser Umstand deutet darauf hin, dass er die Tat von langer Hand vorbereitet hat. Die Kriminalisten vermuten, dass er sich nach Australien abgesetzt haben könnte. Es wird aber auch nicht ausgeschlossen, dass sich der Doppelmörder noch in Österreich aufhält, deshalb erhalten die geschiedene Frau des Täters und seine Kinder Polizeischutz.

Wochen vergehen, von Erich Kaupe fehlt noch immer jede Spur, da trifft Mitte Februar tatsächlich eine Nachricht aus Australien ein. Die Interpol teilt der Grazer Kriminalpolizei mit, dass die Polizei in Canberra einen Mann wegen Einbruchsdiebstahles verhaftet hat. Dieser Mann versteht kein Wort Englisch, daher ist ihm bei der Einvernahme ein Dolmetscher beigestellt worden. Dieser wiederum hat behauptet, dass der Verhaftete einen stark österreichischen Akzent spreche. Und da ist noch etwas Verdächtiges an diesem Einbrecher: Der Polizei waren in seinem Gesicht frische Narben aufgefallen, die vermutlich von einer kosmetischen Operation stammen.

Doch wie sich später herausstellt, ist Erich Kaupe zu diesem Zeitpunkt schon lange tot.

* * *

Bereits am 28. Jänner 1970 wird bei Kalsdorf eine männliche Leiche angeschwemmt. Die zuständige Gendarmerie bemüht sich vergeblich um die Klärung der Identität des Toten. Der Beamte der Spurensicherung stellt fest, dass auf Grund der starken Verwesung der Leiche eine Abnahme von Fingerabdrücken nicht mehr möglich ist. Und als die Exfrau Kaupes ausschließt, dass es sich um den Gesuchten handeln könnte, wird der unbekannte Tote aus der Mur beerdigt.

Die Grazer Kriminalpolizei versucht nun eine Zahnprothese des Doppelmörders zu bekommen. Diese wollen sie sicherheitshalber mit der Zahnprothese der Leiche vergleichen. Über Vermittlung einer in Deutschland lebenden Tochter des Gesuchten treiben die Beamten tatsächlich seinen Zahnarzt auf, doch dieser ist schon verstorben.

Die beiden Mordopfer: Magdalena Adler und deren Mutter Barbara Wagner

Die Witwe hat aber im Keller die Patientenkarteien aufbewahrt, so dass die Kripo doch noch zu einem Zahnbild kommt, das wiederum dem des Toten ähnelt.

Jetzt wird die Leiche exhumiert und die Hände vom Gerichtsmediziner so präpariert, dass brauchbare Fingerabdrücke genommen werden können. Diese Fingerabdrücke werden wiederum mit Fingerabdrücken des Gesuchten verglichen. Kaupe wurde nämlich 1948 von der Polizei in Leoben „fremdenpolizeilich behandelt", weil er illegal nach Österreich eingereist war. Am 19. März 1970 steht fest: Bei dem Toten handelt es sich tatsächlich um Erich Kaupe. Er hat Selbstmord begangen.

Ungeklärt bleibt aber der Verbleib der 100.000 Schilling, die der Täter wenige Tage vor dem Doppelmord abgehoben hat. Zwei 1000-Schilling-Scheine hat er in der Wohnung der Opfer verbrannt. Warum? Auch das bleibt ein Rätsel.

Der einäugige Doppelmörder

Anton Leitgeb (1974)

„Ja, das ist er, der Anton – kein Zweifel, er ist es!" Der Mann aus dem Dorf ist sich völlig sicher: Der Tote unter den Trümmern des abgebrannten Bauernhauses auf dem Urlbauer-Anwesen in Veitsch ist Anton Leitgeb, ein Kärntner Forstarbeiter, der im Parterre des alten Bauernhauses in 1000 Metern Seehöhe gewohnt hat. Neun weitere Ortsbewohner bestätigen es: „Der Tote ist Anton Leitgeb."
Und sie glauben auch die Ursache für den Brand zu kennen. Wenn der einäugige Holzknecht seinen Herd einheizte, dann hatte er immer einige Tropfen Benzin verwendet, um das Holz rascher zum Brennen zu bringen.

Als die Spurensicherer der Gendarmerie-Kriminalabteilung und die Brandsachverständigen dann noch Spuren von Benzin oder Petroleum finden, gibt es keine Bedenken mehr: Anton Leitgeb muss in der Früh des 25. Jänner 1974 wieder einmal versucht haben, mit flüssigem Brennstoff Feuer zu entfachen. Dabei wird es zu einer gewaltigen Verpuffung und in der Folge zum Großbrand gekommen sein, schließen daraus die erhebenden Beamten der Kriminalaußenstelle Bruck. Das Bauernhaus sowie ein ehemaliges Wirtschafts- und ein Nebengebäude brannten vollständig nieder.

Die wenigen Knochenreste, die die Feuerwehrmänner bei den Aufräumungsarbeiten schließlich noch finden, werden Johann und Justine Schabelreiter zugeordnet. Das betagte Pensionistenehepaar hat das Obergeschoss des Bauernhauses bewohnt.

* * *

Die Medien berichten tags darauf von drei Toten bei einem Großbrand. Eine furchtbare Tragödie, die sich in der Einschicht nahe Veitsch ereignet hat – und nur aus purem Leichtsinn, steht in den Zeitungen zu lesen.
Auch in Kärnten wird über das tragische Ereignis berichtet. Die Schwester von Anton Leitgeb, die in St. Kanzian am Klopeinersee wohnt, wird auf den Artikel allerdings erst einige Tage später auf-

Opfer Johann und Justine Schabelreiter

merksam. Als sie ihn liest, begreift sie gar nichts mehr. „Was, mein Bruder soll verbrannt sein?" wundert sie sich. „Du, Anton, schau her, du lebst nicht mehr, du bist in den Flammen umgekommen", sagt sie zu ihrem Bruder, der neben ihr in der Küche sitzt. „Wir müssen der Gendarmerie melden, dass du am Leben bist", fordert sie Anton Leitgeb auf.

* * *

Kurt Marquardt von der Kriminalaußenstelle Bruck ist ebenso überrascht, als er vom Gendarmerieposten St. Kanzian einen Anruf erhält. „Kollege, der angebliche Tote lebt. Anton Leitgeb ist bei mir am Posten", teilt ihm der Gendarm am Telefon mit. „Halten Sie ihn hin, wir holen ihn ab", entscheidet Marquardt spontan und schickt die Kollegen los. Die Kriminalisten haben einen furchtbaren Verdacht.

Stunden später sitzt der Kärntner bereits im Vernehmungszimmer in Bruck.

Zunächst muss Leitgeb seine Taschen entleeren, dann beginnt die routinemäßige Befragung. Die Beamten machen ihm keinerlei Vorhalte. Sie tun so, als würden sie nur die Informationen über das betagte Ehepaar, das in den Flammen umgekommen ist, interessieren, und der Kärntner gibt bereitwillig Auskunft.

Die Ermittler sind inzwischen überzeugt, dass Leitgeb einen Doppelmord verübt hat. Aber um ihn „festnageln" zu können, haben sie noch zu wenig Indizien in der Hand. Und ein Geständnis ist kaum zu erwarten, denn der Forstarbeiter ist ein abgebrühter Mann. Er hatte bis 1945 an der Seite der Tito-Partisanen gekämpft und damals zahlreiche Menschen verschleppt.

Den Beamten ist klar: Einen Doppelmord nachzuweisen, ist schwierig. Da kommt ihnen „Kommissar Zufall" zu Hilfe. Unter den Gegenständen, die der Holzknecht in seinen Taschen bei sich trägt, befindet sich auch eine Zugfahrkarte von Bruck nach Villach. Sie ist mit 26. Jänner datiert.

Leitgeb muss am 25. Jänner also noch in der Gegend gewesen sein. Damit haben die Beamten ein Indiz, das gegen Leitgeb spricht, aber ein Beweis für seine Schuld ist auch diese Fahrkarte nicht. Sie bringt die Ermittler aber einen entscheidenden Schritt weiter.

Jetzt setzen sie Leitgeb unter Druck. Er muss erklären, wo er sich zum Zeitpunkt des Brandes aufgehalten hat. Der Verdächtige wird nervös, er weiß nicht mehr, wie er sich verantworten soll. Alles, was ihm dazu einfällt, macht ihn nur noch verdächtiger. Die Kriminalisten lassen nicht locker und forschen auch am Brucker Bahnhof nach. Dort werden sie tatsächlich fündig; ein Schalterbeamter und eine Putzfrau erinnern sich an einen Mann, der eine schwarze Augenbinde getragen hat. Dieser Mann war Anton Leitgeb.

„Leugnen hat keinen Sinn. Sagen Sie uns endlich, wie es passiert ist, erleichtern Sie Ihr Gewissen", reden die Kriminalisten auf den Verdächtigen ein. Nach stundenlangem Leugnen erkennt Anton Leitgeb seine ausweglose Situation, und er legt schließlich ein umfassendes Geständnis ab: Als er kurz nach vier Uhr früh nach Hause gekommen war, traf er im Vorhaus Johann Schabelreiter, der gerade zur Wildfütterung wollte. Der alte Mann und der Holzknecht mochten sich nicht besonders. So kam es häufig zu Streitigkeiten – und auch an diesem 25. Jänner 1974 blieb eine Auseinandersetzung nicht aus. Da schlug Leitgeb seinen verhassten Kontrahenten plötzlich nieder, schüttete 20 Liter Petroleum aus und zündete es an. Justine Schabelreiter schlief zu dem Zeitpunkt noch im Obergeschoss und verbrannte hilflos in ihrem Bett.

Der Tote, der unter den Trümmern im Vorhaus lag, war in Wahrheit Johann Schabelreiter.

* * *

„Der Fall ist geklärt, der Leitgeb hat gestanden", berichtet Kurt Marquardt seiner Frau, als er gegen Mitternacht nach Hause kommt und sich erschöpft auf die Couch im Wohnzimmer fallen lässt. „Morgen um neun Uhr ist die Tatrekonstruktion", fügt er noch hinzu. „Hoffentlich bringt sich der Täter nicht um", bemerkt seine Frau, als hätte sie eine Vorahnung. „Das geht nicht, wir haben ihm alles abgenommen, den Hosengürtel, sogar die Schuhbänder."

Kurt Marquardt erfährt es am nächsten Morgen von seinen Kollegen: Der einäugige Doppelmörder hatte im Arrest der Stadtpolizei eine Decke in Streifen gerissen und sich damit erhängt.

Rätsel um Grazer Giftmord

Der Fall Heinz Kern (1972)

Auf den Mordakten der Grazer Kriminalpolizei steht das Wort „ungeklärt". 28 Jahre ist es nun her, dass der Grazer Tanzschulbesitzer, der vielfache österreichische Staatsmeister im Turniertanzen und Sieger in internationalen Bewerben, Heinz Kern, im 33. Lebensjahr vergiftet wurde. Der „Fall Kern" wurde aber bis heute nicht ad acta gelegt, wie Kripochef Mag. Anton Lehr versichert, denn: „Theoretisch bestehen noch Chancen, den Fall aufzuklären."

* * *

Der 30- bis 35-jährige, etwa 170 bis 180 Zentimeter große, schlanke, dunkelhaarige Mann im dunklen Straßenanzug trägt einen Karton unter dem Arm, als er am 13. September 1972 um 14 Uhr das Bahnhofspostamt in Graz betritt. Er wirkt leicht nervös und erkundigt sich bei der Postbeamtin am Schalter, wann das Paket sein Ziel erreichen würde. Die Frau wundert sich, dass der Kunde die Sendung nicht gleich selbst zustellt, denn der Empfänger ist Heinz Kern, der nur wenige Gehminuten vom Postamt entfernt in der Quergasse 5 wohnt. Auf dem Paket ist noch eine zweite Adresse angegeben, nämlich die der bekannten Tanzschule am Geidorfplatz – sie ist aber durchgestrichen. Daneben stehen zwei Telefonnummern, der Anschluss in der Tanzschule und die private Nummer des Tanzlehrers. Auch darüber zeigt sich die Postlerin erstaunt.

Da ist aber noch etwas Ungewöhnliches: Der Absender lautet auf Heinrich Pilzner, Ramsau, Vorberg 193. Warum hat der Mann das Paket nicht gleich in Ramsau oder Schladming aufgegeben? Die Frau am Schalter fertigt das Paket aber ab, und der Mann verschwindet wieder.

* * *

Schon am nächsten Vormittag erreicht diese Schachtel, die Würste, Verhackert, Bauernschnitten, eine gebratene Stelze und mehrere Dosen Löwenbräubier enthält, die Tanzschule Kern am Geidorfplatz. Im Karton befindet sich auch noch ein mit Fehlern behafteter Brief,

Turniertänzer Heinz Kern mit seiner Gattin als Partnerin

Die Schachtel, in der das vergiftete Verhackert und der Brief verpackt waren

adressiert an Heinz Kern, der wörtlich wie folgt lautet: „Sg. Herr Kern! Kurz vor Sommerende fahre ich mit meiner Frau kurz nach dem Süden und hoffe nach unserer Rückkehr auf baldiges Wiedersehen in Schladming. Da unser Neffe und angehender Student nach Graz fährt, senden wir ihnen eine Brettljause und wünschen ihnen guten Appetitt und wieder einen guten Start in der kommenden Saison. Herzliche Grüße, Hochachtungsvoll Josef Mautner, Schladming."

* * *

In Schladming hatte Heinz Kern im April und im Juli 1972 ein Tanzturnier veranstaltet, an dem rund 60 Paare teilgenommen hatten. Deshalb schöpfen weder er noch seine Gattin Verdacht, als sie das Geschenk aus Schladming erhalten. Dass der Name des Absenders mit dem Namen im Brief nicht identisch ist, fällt ihnen ebenfalls nicht auf. Heinz und Helga Kern nehmen die Schachtel mit den Lebensmitteln mit nach Hause, Helga Kern sortiert das Essen und befreit die Stelze vom Verhackert, das während des Transportes ausgeronnen war. Sie selbst kostet nur eine Messerspitze davon und findet, dass es „schal schmeckt", daher spuckt sie den Rest wieder aus.

Helga Kern geht zu Bett, während ihr Gatte noch zur Post fährt, um Briefe aufzugeben. Als er heimkommt, verspürt er Hunger, öffnet den Kühlschrank und streicht sich ein Verhackertbrot, dann legt er sich ebenfalls schlafen. Gegen fünf Uhr früh wird er wach, geplagt von starken Magenschmerzen. Er wird von Krämpfen geschüttelt, hat Durchfall und bekommt Durst. Heinz Kern, der viele Jahre Medizin studiert hatte, ehe er in das Tanzgeschäft eingestiegen war, weiß, dass sein Kreislauf infolge von Überanstrengung in letzter Zeit nicht in Ordnung ist. Er wartet ab. Aber die Schmerzen lassen nicht nach, sie werden immer ärger.

Kern ruft seinen Hausarzt an, der ihm rät, ein Spital aufzusuchen. Der Tanzlehrer will davon nichts wissen, er lehnt ab: „Ich habe viel Wichtiges zu erledigen", begründet er seine Entscheidung. Während der Doktor in einer Apotheke ein stärkeres Kreislaufmittel besorgt, bricht Heinz Kern zusammen. Der Zustand des Patienten hat sich derart verschlechtert, dass der Arzt nach seiner Rückkehr aus der Apotheke sofort die Einweisung in das Grazer Landeskrankenhaus veranlasst. Für Heinz Kern kommt jedoch jede Hilfe zu spät, er stirbt bereits vier Stunden später.

* * *

Die Mordgruppe Zotter der Grazer Kriminalpolizei erfährt mit Verspätung vom mysteriösen Tod des bekannten Grazers. Die Obduktion wird erst Sonntagabend, also zwei Tage nach Kerns Tod, durchgeführt, und der Verdacht bestätigt sich. Gerichtsmediziner Dr. Preitler stellt fest, dass sich im Mageninhalt des Toten Arsen befindet – das Verhackert ist vergiftet gewesen.

Die Polizei gibt Mordalarm, zwei Beamte fahren nach Schladming und Ramsau, um dort Ermittlungen durchzuführen, doch rasch stellt

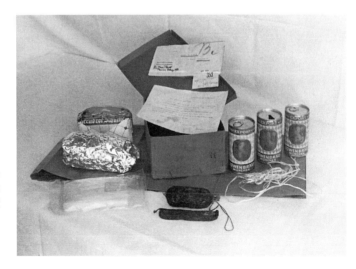

Die Schachtel mit den Lebensmitteln, die Heinz Kern per Post erhielt – das Verhackert war vergiftet

sich heraus, dass der Absender auf dem Paket und die Unterschrift auf dem Brief fingiert sind.

Nun „stürzen" sich die Kriminalisten auf die Konkurrenz des Mordopfers: Wurde Heinz Kern deshalb getötet, weil er überaus erfolgreich war? Diese Frage stellen sie sich immer wieder. Heinz Kern und Helga Theißl sind der Öffentlichkeit als Senkrechtstarter bekannt, als rasante Aufsteiger, als Kometen am Tanz-Himmel. Insider glauben zu wissen, dass Kern ein Mann von brennendem Ehrgeiz, von außerordentlicher Energie, mit viel Durchschlagskraft und äußerster Härte gegen sich und andere war. Ausgerechnet jetzt, wo er die Früchte seiner jahrelangen Arbeit ernten wollte, schlug der Giftmörder zu. Wurde er von einem Neider getötet? Dafür gibt es aber nicht den geringsten Beweis.

War es ein Eifersuchtsmord? Oder der Racheakt eines „Nebenbuhlers"? Die Kriminalisten suchen nun nach einer 23-Jährigen, mit der Kern befreundet gewesen sein und die mit einem fixen Partner zusammengelebt haben soll. Heinz Kern hat anscheinend seinem Bruder von dieser Beziehung erzählt. Es wird eifrig ermittelt, der Erfolg bleibt jedoch aus – die Identität der gesuchten Frau kann nie festgestellt werden.

Der Mord an Kern war bis ins Detail geplant – das steht mit Sicherheit fest und wird auch durch die Aussage der Mutter des Opfers, Else Kern, bestärkt. Sie erzählt den Beamten der Mordgruppe Zotter, dass ein Unbekannter schon drei Monate vor dem Mord Erkundigungen über die Familie Kern und deren Lebensgewohnheiten eingeholt habe. Der Mann – er hatte dunkles Haar und war mittelgroß – habe sich sehr eigenartig verhalten, als er ihre Hausbesorgerin aushorchen wollte, so Else Kern. Weiters weiß die Mutter: „Mein Sohn wollte Österreich zu einer Hochburg des Tanzsportes machen. Sein Ziel war es, die Weltelite zu verschiedenen Bewerben nach Graz zu holen. Er wollte das Tanzen sogar medizinisch erfassen."

Der hinterhältige Giftmörder hat alles das verhindert, der Fall bleibt ungeklärt, nur die Gerüchte leben weiter …

Ein Frauenhasser wird zum Mörder

Karl Otto Haas (1973, 1993)

Die Austauschlehrerin Catherine Bouteiller ist eine bildhübsche junge Frau, sie liebt Graz, und sie liebt den Studenten Johann S. aus Judendorf-Straßengel. Die 23-jährige Französin und der Steirer wollen im Frühjahr 1974 heiraten, aber die Hochzeit findet nicht statt, denn eine brutale Mörderhand zerstört das junge Glück: Der Sexualmord an Catherine Bouteiller ist eines der abscheulichsten Verbrechen, mit denen es die Grazer Kriminalpolizei je zu tun hatte.

* * *

Der Täter wird von einer Arbeitskollegin als lieb und nett beschrieben, ein junger Mann, der nicht sonderlich auffällt. Er erzählt nichts von sich selbst, nur hie und da hinterlegt er auf dem Schreibtisch der Kollegin einen Zettel, wenn sie für einen kurzen Moment das Büro verlässt – einen Zettel mit einem Herzerl und seinem Namen „Karl Otto". Ein charmanter Spaß unter Arbeitskollegen, mehr denkt sich die Frau, die Karl Otto Haas 1971 in einem Büro

Karl Otto Haas

zwei Monate gegenübersitzt, nicht dabei. Sie hat keine Ahnung, dass der gelernte Tischler aus Mürzzuschlag in Wahrheit unberechenbar ist, ein Psychopath, voll mit aufgestautem Hass. Karl Otto Haas, der ein gestörtes Verhältnis zu Frauen hat, ist eine „tickende Zeitbombe", die jederzeit und überall explodieren kann.

* * *

Karl Otto Haas bewohnt am Fuß des Schlossberges im Haus Kaiser-Franz-Josef-Kai 58 in Graz ein Untermietzimmer. Gegenüber hat sich die Französisch-Professorin Catherine Bouteiller eingemietet, sie ist seit zwei Jahren in Graz und unterrichtet im Mädchengymnasium

St. Peter und in der Handelsakademie. Die 23-Jährige hat keinerlei Kontaktschwierigkeiten, gilt aber als etwas verschlossen und zurückhaltend.

Am Donnerstag, dem 6. Dezember 1973, kurz nach 13 Uhr, sitzt Haas in seinem Zimmer, er fühlt sich einsam und will nicht länger allein sein. Da klopft es, wie es der Zufall will, plötzlich an seiner Tür. Es ist seine Nachbarin Catherine, die Hilfe benötigt, weil der Wasserabfluss in ihrer Küche verstopft ist, und sie bittet Haas, ob er ihn reparieren könne. Doch der hat andere Gedanken: „Ich will sie haben, jetzt, sofort, unbedingt", schießt es dem beschäftigungslosen Tischlergesellen durch den Kopf. Er packt das wehrlose Mädchen und wirft es auf das Bett. Catherine Bouteiller schreit um Hilfe, aber es nützt ihr nichts, der Täter würgt sie bis zur Bewusstlosigkeit, dann sticht er erbarmungslos zu, immer wieder.

Gerichtsmediziner Prof. Dr. Heinz Maurer stellt sieben Einstiche in den Brustkorb und in den Hals fest. Das Opfer weist außerdem schwerste Verletzungen am Unterleib auf, die Frau ist grauenvoll zugerichtet. „Ein klassischer Lustmord", bemerkt Maurer während der Obduktion. „Das brutalste Verbrechen der letzten 20 Jahre."

* * *

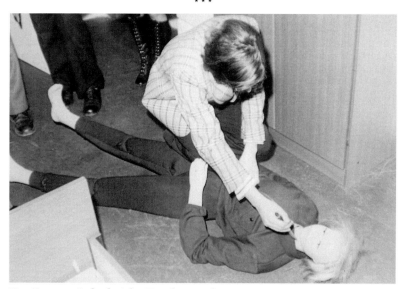

Der Frauenmörder bei der Tatrekonstruktion

Fünf Tage später, Flughafen Graz-Thaler-hof: Auf dem Holzsarg liegen fünf kleine, rote Rosen. Im Halbkreis stehen junge Mädchen mit verweinten Augen, zwei Geistliche nehmen die Einsegnung vor, eine Professorin hält die Trauerrede. Sie schließt mit den Worten: „Adieu, Mademoiselle Bouteiller", dann wird der Sarg zum Flugzeug gebracht. In der kleinen französischen Stadt Perigueuz nahe Bordeaux warten bereits ein verzweifelter Vater und eine schwerkranke Mutter auf die Heimkehr ihrer jüngsten Tochter. Die

Catherine Bouteiller

Mutter hat eine schwierige Augenopera-tion hinter sich, sie droht zu erblinden, und sie weiß nicht, dass ihre Tochter einem bestialischen Sexualmord zum Opfer gefallen ist. Aus Rücksicht auf ihren Gesundheitszustand hat sie ihr Gatte nicht informiert. Catherine sei einem Verkehrsunfall zum Opfer gefallen, hat er seiner Frau gesagt.

Während die Leiche nach Frankreich geflogen wird, ermittelt die Mordgruppe Zotter gegen Karl Otto Haas, der spurlos verschwunden ist. Bei der Jagd nach ihm setzen Polizei und Gendarmerie ein Groß-aufgebot an Beamten ein, in ganz Österreich wird nach dem Sexual-verbrecher gefahndet, denn der Gesuchte will noch drei weitere Frauen ermorden.

Und in Briefen an die drei Frauen beschreibt er die grausamen Details, wie er sie umbringen will. „Ich hasse und liebe gleichzeitig alle Frau-en", steht weiters in den Briefen, die mit „Dein Mörder" unterzeich-net sind. In allen drei Schreiben finden sich auch ein Totenkopf und darüber gekreuzte Knochen. Er werde den Zenit erst erreichen, wenn er zehn oder mehr Frauen auf grausamste Weise ermordet habe, kün-digt der Briefschreiber an. Und: „Auch Europa soll seinen Massen-mörder haben."

* * *

Sechs Tage lang zittern die drei Frauen um ihr Leben, dann wird der Verbrecher gefasst – von drei Amateurdetektiven in Gratkorn. Rudolf Emmer aus Tirol, Kurt Hotz und Willibald Raschl aus Gratkorn wer-

In dieser Hütte in Andritz versteckte sich Haas mehrere Tage lang

den auf den schmächtigen Mann mit den dicken Augengläsern und dem karierten Wintermantel aufmerksam. Sie haben in der Kleinen Zeitung ein Foto vom Grazer Frauenmörder mit den auffälligen Brillen gesehen. Und dieser Mann, der in der Nacht zum 12. Dezember 1973 in Gratkorn zu Fuß unterwegs ist, schaut aus wie der Gesuchte. Die drei Männer verfolgen und umstellen ihn. „Kriminalpolizei", schreit einer von ihnen, die Flucht des Karl Otto Haas ist zu Ende.

* * *

Karl Otto Haas wird am 26. August 1949 in Krieglach als Sohn eines Werksarbeiters und einer Hausfrau geboren. Als er sechs Jahre alt ist, erhängt sich sein Vater ohne ersichtliches Motiv. Während die Geschwister in geordneten Bahnen aufwachsen, nimmt die Entwicklung von Karl Otto einen anderen Verlauf. Er wird schon mit 14 Jahren straffällig, als er in das Pfarramt in Krieglach einbricht. In weiterer Folge verübt er noch mehrere Diebstähle und Einbrüche, wobei er einzigartig vorgeht. Haas schraubt am Tatort stets die Sicherungen heraus und behilft sich mit Zündhölzern, die er dann sorglos wegwirft, damit hinterlässt er an den Tatorten seine Handschrift. Die Gendarmeriebeamten finden den „Fall Haas" so interessant, dass sie ihren Bericht an die Gendarmeriezentralschule schicken, wo er für Schulungszwecke Verwendung findet.

Ein Kaplan gewährt Haas 1969 und 1970 Bewährungshilfe, und der Einfluss des Geistlichen auf den Tischlergesellen, der selbst einer katholischen Jugendbewegung angehört hatte, bleibt nicht ohne Wirkung: Die Straftaten werden seltener, Haas nimmt sogar vorübergehend Jobs in Rottenmann, Liezen, Hamburg und Tirol an.

Im März 1973 arbeitet er in einer Tischlerei nahe Innsbruck. Dort lernt er eine 26-jährige Steirerin kennen, mit der er schon wenig später in die Oststeiermark zieht. Am 4. November endet jedoch diese Beziehung abrupt. Die Frau findet nämlich einen handgeschriebenen Zettel mit den Worten: „Ein Mädchen wird einmal für alles büßen." Als sie von ihrem Freund wissen will, was diese Worte zu bedeuten haben, fällt ihr an ihm ein „furchterregender Gesichtsausdruck" auf. Vier Wochen später ermordet Karl Otto Haas die Französisch-Professorin in Graz.

* * *

Für seine abscheuliche Tat erhält der Täter eine lebenslange Freiheitsstrafe. Nach 20 Jahren Haft wird Haas auf seine vorzeitige Entlassung vorbereitet.

Im Herbst 1993 ist er als Freigänger in der Strafanstalt Wien-Mittersteig untergebracht, tagsüber darf er das Gefängnis verlassen, nur noch am Abend schließen sich hinter ihm die Gefängnistore.

In Wien lernt Haas eine Frau, die Mutter von Peter Hyza, kennen, und die beiden freunden sich an. Haas findet bei der Frau Geborgenheit, sie selbst vertraut ihm und den psychologischen Beratern der Strafanstalt, sie wird aber über die psychopathische Gefährlichkeit und die grausame Tat ihres Freundes nicht informiert. Sie bleibt völlig ahnungslos und muss ihre Gutgläubigkeit bitter büßen. Als er nämlich mit dem 13-jährigen Peter am 5. November 1993 allein zu Hause ist, mordet Haas ein zweites Mal auf entsetzliche Weise – er fügt dem Jungen unzählige Stich- und Schnittwunden zu.

Haas flüchtet nach Tirol, wo er vor vielen Jahren gearbeitet hatte. Sein Weg führt ihn in die Kapelle „Höttinger Bild" nahe der Stadt Innsbruck, dort hält sich jedoch gerade eine Nonne auf und betet vor dem Altar. Wortlos setzt sich Haas zu ihr und sticht zu. Die Ordensschwester wird schwer verletzt, überlebt aber. Haas wird bei einer Großfahndung unweit des Tatortes von Polizisten gestellt – und als er Anstalten macht, mit dem Messer auf sie loszugehen, erschossen.

Zwei Tote in der Tiefkühlbox

Die Fälle Roman Rauch und
Gerhard Rosenberger (1974)

Nachdenklich steht die Frau am Fenster und blickt auf die Straße hinunter. „Ob der Roman wiederkommt?" fragt sie sich Tag und Nacht. Schon seit Tagen ist der 54-jährige Geldbriefträger Roman Rauch aus

Graz spurlos verschwunden – und die Polizei befürchtet das Schlimmste. Diese Ungewissheit macht der 63-jährigen Dora Rauch, der Gattin des abgängigen Postbeamten, so schwer zu schaffen, dass sie Beruhigungstabletten einnehmen muss.

„Donnerstag um 5.30 Uhr ist er zur Arbeit gegangen. Gut aufgelegt war er", sagt sie. „Um 17 Uhr hat dann das Telefon geläutet, ein Postbeamter war am Apparat, ob der Roman vielleicht zu Hause sei, hat er wissen wollen. Er war nicht da, er ist bis jetzt nicht nach Hause gekommen."

* * *

Opfer Roman Rauch

Mit etwa 70.000 Schilling in der Tasche bricht Roman Rauch am Morgen des 17. Jänner 1974 zu seiner Tour durch die Friedrichgasse, Schönaugasse, Grazbachgasse und Schmiedgasse auf, rund 50 Beträge soll er auszahlen. Aber mehrere Geldempfänger warten an diesem Tag vergeblich auf den Postler und das Geld. Roman Rauch verschwindet spurlos, nachdem er rund die Hälfte des Geldes zugestellt hat.

Die Kriminalpolizei schließt daher aus, dass der Postler das Geld veruntreut haben könnte. Außerdem hat er sich in seinen 36 Dienstjahren bei der Post keinen einzigen Fehler zu Schulden kommen lassen, Roman Rauch wird vom Dienstgeber als hundertprozentig verlässlich beschrieben.

Daher wird ein Verbrechen oder ein Unfall befürchtet, und ein Groß-
aufgebot der Grazer Polizei ist mit dem mysteriösen Fall befasst. 45
Beamte der Sicherheitswache und der Kripo suchen nach dem
vermissten Zusteller, 180 Häuser werden vom Dachboden bis zum
Keller durchsucht. Ergebnislos, vom Postbeamten findet sich nicht
die geringste Spur.

Da erzählt ein Grazer Kaufmann einer Kundin die sensationelle Neu-
igkeit: „Ich habe heute Früh im Rundfunk gehört, dass man den Postboten ermordet aufgefunden hat." Diese Nachricht verbreitet sich
wie ein Lauffeuer. Über die angebliche Tat sind mehrere Versionen
im Umlauf: Rauch sei in Liebenau beraubt und ermordet, er sei in
einem Kellerabteil der Grazer Innenstadt erschlagen worden, man
habe den Geldboten in einem Wald bei Leibnitz erhängt aufgefunden,
die Leiche des Abgängigen sei bei Leibnitz aus der Mur geborgen worden. Der „Fall Rauch" ist an diesem 23. Jänner 1974 Hauptgesprächs-
thema in der Landeshauptstadt.

Jener Geschäftsmann, der dieses Gerücht verbreitet hat, wird von der
Erhebungsabteilung der Postdirektion ausgeforscht, er behauptet
aber, diese Nachricht nicht bewusst weitergegeben zu haben. „Möglich, dass ich mich verhört habe, ich habe die Nachrichten ja nur mit
einem Ohr mitgehört", beteuert er.

Aber das Gerücht ist nun einmal in Umlauf gebracht und nicht mehr aufzuhalten.
Es klingt schaurig, aber knappe zweieinhalb Monate später sollte es sich tatsächlich bestätigen.

* * *

Es ist der 2. April 1974: Der 20-jährige
Gerhard Rosenberger hat das Rayon des
noch immer abgängigen Kollegen übernommen. Mit 322.000 Schilling ist er an
diesem Tag unterwegs, eine beträchtliche
Summe Geldes, die er in der Innenstadt
zustellen soll. Gegen elf Uhr wird er zuletzt gesehen, dann verliert sich auch seine Spur. Eine Stunde später hätte er im
Hauptpostamt in der Neutorgasse „neu-

Opfer Gerhard Rosenberger

es" Geld nachfassen sollen, aber Rosenberger taucht nicht auf. Polizei und Feuerwehr suchen nach ihm, die Suche verläuft ebenso erfolglos wie schon Monate vorher die nach Roman Rauch.

Für die Mordgruppe Zotter bestehen keine Zweifel mehr: Die beiden Geldzusteller sind einem Verbrechen zum Opfer gefallen!

Bei ihren Hausbefragungen besuchen die Kriminalisten auch das medizinisch-diagnostische Labor von Dr. Fritz Wennig – dort treffen sie die medizinisch-technische Assistentin Gertraud Flachberger an. Und sie ist diejenige, wie sich jetzt herausstellt, die Gerhard Rosenberger zuletzt gesehen hat. Das war nach 11.15 Uhr im Fleischerladen des 27-jährigen Karl H., gleich um die Ecke. „Im Geschäft waren außer mir noch Rosenberger, ein junger Bursch im Schlosseranzug und ein Mädchen", berichtet die Frau der Kripo.

Der Fleischer Karl H. hatte bereits mit 22 Jahren die Meisterprüfung abgelegt und führt das Geschäft seines Vaters nun schon seit einigen Jahren. Bei der Polizei liegt gegen ihn nichts vor, nur mit dem Finanzamt hat er Schwierigkeiten. Seine Steuerschulden betragen rund 130.000 Schilling, aber das wissen Mordgruppenchef Fritz Zotter und sein Team noch nicht, als sie sich den Mann vorknöpfen und bei ihm eine Hausdurchsuchung durchführen. Die Beamten finden nichts, was den Fleischer belasten würde, aber H. macht sich selbst verdächtig. „Rosenberger war nicht bei mir", behauptet er entgegen der Aussage der Zeugin Gertraud Flachberger. Die 17-jährige Christine Pense, die in einem Nachbargeschäft arbeitet, meldet sich bei der Polizei, weil ihr H. am 2. April sonderbar vorgekommen war. „Er war bei mir im Geschäft, um Kleingeld zu wechseln, einige Münzen waren ganz rot", gibt sie zu Protokoll. Und auch Dr. Fritz Wennig, der Chef der Hauptzeugin, erinnert sich nun an eine Beobachtung, die er gemacht hatte. Wennig besitzt auch eine Putzerei im Tiefparterre desselben Hauses, dort war ihm am Mittwoch, also einen Tag nach dem Verschwinden Rosenbergers, ein Teppich mit roten Flecken aufgefallen. „Meine Angestellte hat mir berichtet, dass dieser Teppich von einer Fleischerei gekommen war, ich machte mir keinerlei Gedanken darüber." Aber jetzt, wo die Kripo den Fleischermeister verhört, betrachtet Dr. Wennig seine Wahrnehmungen aus einer anderen Perspektive. Er hält noch einmal Nachschau und stellt fest, dass der Teppich tatsächlich dem Verdächtigen gehört.

Während die Spurensicherer und Gerichtsmediziner den Teppich untersuchen, wird Karl H. von der Mordgruppe Zotter einvernommen. Er gibt sich ruhig und benimmt sich so, als wäre nichts geschehen. H. bleibt bei seiner Behauptung: „Ich habe Rosenberger nicht gesehen, ich habe mit seinem Verschwinden nichts zu tun."

Die Beamten verzichten auf ein intensives Verhör, sie lassen den Fleischhauer reden, sie hören ihm einfach zu, als er von seinem Geschäft und den Schulden erzählt und von der Freundin, der er mit Geld imponieren möchte … Er wird immer gesprächiger, aber von dem Verbrechen will er auch nach Stunden im Verhörzimmer nichts wissen.

Gegen 18 Uhr erfahren die Kriminalisten vom Gerichtsmedizinischen Institut, dass sich auf dem sichergestellten Teppich Menschenblut befindet. Jetzt bestehen für die Beamten der Mordgruppe keine Zweifel mehr: H. ist der Täter.

Die Kriminalisten warten auf ein Geständnis, und plötzlich ist es so weit. Der Beschuldigte setzt sich ruckartig auf und bittet um eine Zigarette. Und dann gesteht er: „Ich habe Roman Rauch und Gerhard Rosenberger ermordet und beraubt."

* * *

H. hatte beide Geldzusteller mit seiner Fleischerhacke erschlagen und danach so lange in der Tiefkühlbox aufbewahrt, bis der Zeitpunkt günstig war, um die Leichen wegzuschaffen. Rosenberger habe er, so H. beim Verhör, in einen Teppich einwickeln wollen, das sei ihm aber nicht gelungen. So habe er sich einen großen Karton besorgt, die Leiche darin verpackt und, wie auch sein erstes Opfer, auf eine Müllhalde gebracht. Und wirklich, eine Leiche wird in Messendorf, die andere in Neuwindorf bei Graz gefunden.

Die gesamte Beute aus den beiden Raubmorden betrug nur 157.000 Schilling, sie reichte aber aus, um die Steuerschulden in der Höhe von 130.000 Schilling zu bezahlen. Karl H. beim Verhör: „Ich hatte mir bei Rauch eigentlich mehr Geld erwartet. Er hatte nur 25.000 Schilling bei sich. Wenn ich das gewusst hätte, würde er heute noch leben." Roman Rauch war ein guter alter Bekannter von H. gewesen und hatte jeden Tag in seiner Fleischerei gejausnet.

Gerichtsmediziner Dr. Werner Preidler stellt bei der Obduktion fest, dass Rauch durch einen Schlag auf den Hinterkopf und drei Schläge ins Gesicht, Rosenberger durch fünf Beilhiebe auf den Kopf getötet worden war.

H. wiederholt sein Geständnis auch vor Untersuchungsrichter Dr. Peter Hödl – und er scheint danach sichtlich erleichtert zu sein.

Während gegen den Täter die gerichtliche Voruntersuchung läuft, wird bei der Post heftig darüber diskutiert, wie die Geldzusteller vor Überfällen geschützt werden können, denn der Beruf ist zu gefährlich geworden. Zwischen 1970 und 1974 waren bereits zahlreiche Verbrechen an Briefträgern verübt worden:

Am 2. Oktober 1970 wurde in Kapfenberg der Geldbriefträger Peter Kohlhofer von einem unbekannten Täter niedergeschlagen, die Beute betrug eine dreiviertel Million Schilling.

Der Geldbriefträger Peter Kern wurde am 30. Dezember 1970 in Graz in einen Kellereingang gelockt, niedergeschlagen und beraubt. Der Verbrecher musste aber ohne Beute flüchten.

Am 2. Juli 1972 raubte ein Unbekannter in Kindberg dem Geldbriefträger Siegfried Kaltenbrunner 144.000 Schilling.

Die Postbotin Erna Steirer wurde am 3. August 1973 in Graden bei Köflach aus dem Hinterhalt erschossen und beraubt. Nach diesem Verbrechen wurde ein Brüderpaar festgenommen, der 17-Jährige nach vier Monaten Untersuchungshaft wieder entlassen, der 26-jährige Bruder erhielt für diesen Mord lebenslang.

Die beiden Raubmorde von Karl H. sind nun der Höhepunkt dieser Gewaltserie an Geldzustellern der Post. Aber so sehr auch diskutiert wird, eine Lösung des Problems wird nicht gefunden. Die Briefträger müssen auch nach den brutalen Verbrechen die Pensionen und sonstigen Gelder ausbezahlen, und das kostet eineinhalb Jahre später dem Knittelfelder Briefträger Johann Fritz das Leben.

* * *

Karl H. wurde für die beiden Raubmorde zu einer lebenslangen Freiheitsstrafe verurteilt. Seit einigen Jahren ist er aber bereits wieder in Freiheit und lebt in Salzburg.

Sexualmord an einem Kind

Der Mordfall Hedi Pratl (1974)

Zusammengekauert sitzt der 34-Jährige auf dem Holzsessel im Vernehmungszimmer der Grazer Kriminalpolizei. Als die Tür aufgeht und seine Lebensgefährtin eintritt, hebt er langsam den Kopf. Sekundenlang herrscht Stille im Raum, und die beiden schauen sich tief in die Augen. „Maria, i sag dir die Wahrheit, i hob sie net umbrocht, i hob sie nicht einmal an'griffen, i hob sie vor lauter Angst in die Mur g'worfen, als sie schon tot war", wendet sich der Mann flehentlich an seine Partnerin. „Bruno", sagt sie mit trockener Stimme, „ich habe immer zu dir gehalten, aber jetzt kann ich dir nicht mehr glauben." Bruno K. bricht in Tränen aus, aber er weint nicht um das kleine wehrlose Mädchen, das er auf grausame Weise ermordet hat, sondern aus Selbstmitleid, weil er soeben die Frau verliert, die bisher stets zu ihm gehalten hat ...

* * *

Es ist der 18. Dezember 1974, der unsagbares Leid über die Familie des praktischen Arztes Dr. Gerhard Pratl in Graz-St. Veit bringt, denn die achtjährige Hedwig kommt an diesem Tag von der Schule nicht nach Hause. Obwohl das Gelände übersichtlich ist und der Schulweg nur wenige Minuten beträgt, verschwindet die kleine Hedi, wie sie von ihren Eltern und ihren drei Geschwistern genannt wird, spurlos. Wenige Tage vor dem Heiligen Abend ist die Mordgruppe Zotter der Grazer Kriminalpolizei einem abscheulichen Verbrechen auf der Spur.
Bis in die Nacht hinein suchen Polizisten und Polizeischüler nach dem abgängigen Mädchen, sie durchkämmen die gesamte Umgebung der Schule und des Elternhauses, Hubschrauber und Suchhunde werden

Opfer Hedi Pratl

eingesetzt, aber Hedi bleibt verschwunden. Für die Kriminalisten steht fest: Das Mädchen ist entweder entführt oder ermordet worden. Pausenlos vernehmen die Kripo-Beamten Auskunftspersonen, und

Suchmannschaften an den Ufern der Mur

Hedis Lehrerin berichtet ihnen von einem roten Pkw. Sie war nach der Schule mit Hedi Pratl noch ein kleines Stück des Weges gegangen, dabei war ihnen der rote Wagen mit einem schwarzen Hund auf dem Rücksitz auffallend langsam gefolgt. Hedi war dann allein weitermarschiert, nach etwa 100 Metern dürfte sie in das Auto des Unbekannten gestiegen sein, denn an dieser Stelle verliert ein Suchhund die Spur der Schülerin.

Die Ermittlungen laufen auf Hochtouren, die Kriminalbeamten suchen unermüdlich nach allen Besitzern von roten Autos der Marken Opel und Ford mit Grazer Kennzeichen, bis ihnen ein Bäcker den entscheidenden Hinweis auf Bruno K. liefert: „Dieser Mann fährt einen roten Ford 17 M, und er besitzt eine schwarze Dogge", behauptet der Informant. „Das könnte unser Mann sein", sagt Mordgruppenchef Fritz Zotter zu seinen Mannen. Und es ist wahrlich eine heiße Spur.

Auf dieser Schotterbank der Mur bei Lebring wurde die Kindesleiche angeschwemmt

Am 20. Dezember wird der beschäftigungslose Grazer zur Einvernahme abgeholt. Bruno K. ist für die Kripo kein Unbekannter, er hatte wegen eines Raubüberfalles auf ein älteres Ehepaar bereits sieben Jahre im Gefängnis verbracht, und erst vor drei Wochen soll er in Graz-Eggenberg eine Schülerin der Kindergartenschule vergewaltigt haben. Aber er hatte damals die Anschuldigungen bestritten, und da kein eindeutiger Beweis vorhanden war, lehnte es der zuständige Staatsanwalt ab, einen Haftbefehl zu beantragen.

Jetzt sitzt der Verdächtige wieder im Verhörzimmer, doch diesmal geht es um Mord. Bruno K. lügt, verwickelt sich in Widersprüche und versucht den Kriminalisten einen Unfall einzureden – seine Hündin habe Hedwig Pratl „zu Tode gebissen".

Ursprünglich, so K. bei der Einvernahme, habe er die Tochter eines ehemaligen Arbeitskollegen in St. Veit von der Volksschule abholen

117

wollen. Aber die Mutter des Kindes habe ihm das strikt untersagt, dennoch sei er Richtung Schule gefahren und unterwegs in der St.-Gotthard-Straße der kleinen Hedi begegnet.

Das Mädchen habe unbedingt im Auto mitfahren wollen, behauptet er stur. Dann kommt das Unglaubliche: Unterwegs habe sich seine Dogge auf das Kind gestürzt und es durch Bisse tödlich verletzt, sagt der Verdächtige. Daraufhin habe er das tote Kind in der Nähe der Weinzödlbrücke in den Straßengraben geworfen und sei in den Pailgraben gefahren. Als er zurückgekommen sei und das Kind neben der Straße habe liegen sehen, hätte ihn die Panik gepackt, und er habe die kleine Hedi in die Mur geworfen. Die Kriminalisten nehmen K. diese Aussagen nicht ab, sie vermuten vielmehr, dass er sie im Wald missbraucht und liegengelassen hat, doch dann findet ein Wärter des Murkraftwerkes in Lebring beim Reinigen des Rechens das Federpennal der abgängigen Schülerin.

Die Suche nach Hedwig Pratl geht weiter, mit Schaufel und Krampen ausgerüstet, sind 55 Männer der Polizeischule in den Wäldern um St. Veit unterwegs, während Feuerwehrmänner und Taucher die Mur absuchen.

Bruno K. wird weiter verhört, dabei tischt er den Beamten die verschiedensten Versionen auf, die Wahrheit aber verschweigt er ihnen beharrlich. Da entschließen sich die Kriminalisten, den Verdächtigen seiner Lebensgefährtin gegenüberzustellen. „Vielleicht wird er dann weich", hoffen sie. Aber auch diese Gegenüberstellung kann K., der behauptet, als Kind von seinem Vater geschlagen und gedemütigt worden zu sein, nicht brechen – er bleibt stur bei seinen Aussagen.

Erst Tage später legt er ein Teilgeständnis ab: Er habe im Pailgraben erfolglos versucht, das Kind zu vergewaltigen. Als es sich gewehrt habe, habe sein Hund zugebissen. Er habe das tote Kind mit einem Stein beschwert und beim Papiermühlsteg in die Mur geworfen. Dann wiederum behauptet er, Hedi Pratl sei aus Angst vor ihm selbst in die Mur gelaufen.

Während die Polizeischüler und Feuerwehrmänner weiter nach der Schülerin suchen und die Kriminalisten ihr Kreuzverhör fortsetzen, schicken die beiden Großväter des Kindes einen „Offenen Brief" an Justizminister Christian Broda:

„Sehr geehrter Herr Bundesminister! Heute haben wir die Gewissheit bekommen, dass unsere kleine Enkelin, die achtjährige Hedi Pratl, von einem vorbestraften Verbrecher auf bestialische Weise ermordet wurde. Anlässlich der zahlreichen Beleidsbekundungen aus allen Bevölkerungskreisen wurde immer wieder der Ruf nach einer Todesstrafe für dieses Verbrechen laut. Ohne auf das Für und Wider dieser Strafart einzugehen und ohne dem Gericht, welches die Strafe zu bestimmen haben wird, vorgreifen zu wollen, liegt es uns am Herzen, dass man in Zukunft andere Familien vor einem solchen Unglück bewahrt. Bei allem Verständnis für eine humane Einstellung dem kleinen Gesetzesbrecher gegenüber, verstehen wir die Pläne nicht, die sich an Stelle einer dauernden und sicheren Verwahrung derartiger Schwerverbrecher mit Erleichterungen verschiedener Art für solche Menschen befassen. Die Arbeit unserer Exekutive, der wir für die aufopfernde Hilfe und die rasche Aufklärung unsere höchste Anerkennung und Dank bereits persönlich ausgesprochen haben, wird sinnlos, wenn vorbestrafte Verbrecher immer wieder die Gesellschaft gefährden können. Wenn der grässliche Tod unserer kleinen Enkelin zu einem besseren Schutz der Gesellschaft in diesem Sinne beitragen könnte, so wäre ihr schreckliches Schicksal nicht ganz sinnlos. Wir werden die Grazer und zwei Wiener Tageszeitungen bitten, diesen Brief zu veröffentlichen.

> *Mit vorzüglicher Hochachtung!*
>
> *Medizinalrat Dr. Hans Genal,*
> *prakt. Arzt, Leibnitz*
>
> *Oberschulrat Prof. Franz Pratl,*
> *Volksgartenstr. 7, Graz"*

Der Justizminister schreibt den beiden Großvätern zwar zurück, nimmt aber zum konkreten Fall nicht Stellung. Es solle nicht der Eindruck entstehen, dass er in ein schwebendes Verfahren eingreife, hält er in dem Brief fest und weist darauf hin, dass wirksame Maßnahmen zum Schutz der Gesellschaft getroffen würden. Broda nennt die Paragraphen 21, 23 und 39 des neuen Strafgesetzbuches, welche die „Unterbringung von Strafgefangenen in einer Anstalt für geistig abnorme Rechtsbrecher sowie die Unterbringung in einer Anstalt für gefährliche Rückfallstäter" und eine „Strafverschärfung bei Rückfall" vorsehen.

Brodas Brief beendet die Diskussionen im „Mordfall Pratl" nicht, der liberale Strafvollzug in Österreich, der vom Justizminister eingeleitet worden war, ist schwerster Kritik ausgesetzt. Stimmen aus der Bevölkerung fordern in der Öffentlichkeit sogar ein Volksbegehren zur Wiedereinführung der Todesstrafe, so sehr erregt das grausame Verbrechen an der wehrlosen Schülerin aus Graz die Gemüter.

Unter diesen dramatischen Umständen geht die Suche nach der kleinen Hedi Pratl weiter, doch ihre Leiche wird erst am 15. März 1975 auf einer Schotterbank der Mur bei Lebring gefunden. Bei der Obduktion wird festgestellt, dass die Schülerin ertrunken ist, sie weist keinerlei Verletzungen durch äußere Gewalteinwirkung auf. Untersuchungsrichter Kurt Haas ist von Anfang an überzeugt, dass Pratl nicht selbst in die Mur gelaufen, sondern von K. in die Mur getrieben worden war. Dieser Ansicht schließt sich auch Erster Staatsanwalt Dr. Günther Schäfer an, und er erhebt gegen Bruno K. Mordanklage. Ein Geschworenengericht verurteilt den Angeklagten zu lebenslanger Freiheitsstrafe.

Der Häftling sitzt knappe 22 Jahre im Gefängnis, ehe er am 8. Oktober 1997 bedingt entlassen wird und sich in Wien ein neues Zuhause sucht.

Der ungeklärte Briefträgermord

Der Fall Johann Fritz (1975)

Die Pensionistin Luise Fritz sitzt im Wohnzimmer ihrer bescheidenen Wohnung in Spielberg und schreibt sich ihren Kummer von der Seele, denn sie ist verzweifelt. Den gewaltsamen Tod ihres Mannes hat sie nie überwunden, und der Gedanke, dass der Mörder noch frei herumläuft und sie ihm, ohne es zu wissen, womöglich beim Einkaufen oder auf dem Weg zur Bank schon mehrmals begegnet ist, quält sie Tag für Tag.

„Seit 25 Jahren frage ich mich, wie lange ein Mörder frei herumgehen kann ohne Gewissensbisse und ohne Reue", ist auf einem Blatt Papier zu lesen. „Hört er noch das Röcheln seines Opfers? Oder ist er so kalt und seine Seele tot? Die Augen seines Opfers werden immer gegenwärtig sein. Diese grausame Tat wird er auf Dauer nicht verdrängen können." An den letzten Satz knüpft die 63-jährige Frau ihre Hoffnung: „Ich werde es wahrscheinlich nicht mehr erleben, dass der Mord an meinem Mann aufgeklärt wird, aber meine Kinder schon", glaubt sie fest daran. „Irgendwann wird der feige Mörder überführt."

* * *

Opfer Johann Fritz mit Gattin Luise

Vor 25 Jahren, am Vormittag des 2. Dezember 1975 wird das Familienleben der Familie Fritz mit einem Schlag zerstört. Ein brutaler Raubmörder sorgt dafür, dass Luise Fritz zur Witwe und ihre 17-jährige Tochter und ihr 18-jähriger Sohn zu Halbwaisen werden. Der bisher unbekannte Täter überfällt den 57-jährigen

Geldbriefträger Johann Fritz im Hinterhof des Hauses Schulstraße 39 in Knittelfeld und zertrümmert ihm mit unbeschreiblicher Brutalität den Schädel. Über ein Dutzend Mal schlägt der Verbrecher mit einem kantigen Eisenstück auf sein Opfer ein, dann schleppt er den Sterbenden in ein Stiegenhaus und raubt die Gelder, die Johann Fritz den Pensionisten auszahlen sollte. Es sind ganz genau 79.082,40 Schilling, die dem Gewalttäter in die Hände fallen.

Der Mörder hat für seine Tat höchstens zehn Minuten Zeit, unter Umständen auch nur sieben oder gar bloß fünf Minuten. Als er auf den Geldboten einschlägt, sitzt im Nebenhaus ahnungslos der Stadtpolizist Ignaz Reinisch und führt eine Routineerhebung durch. Er wird ein paar Minuten zu spät damit fertig und verpasst den Raubmörder mit seinen blutbesudelten Kleidern nur knapp.

Auch eine junge Apothekerin, Dr. Christine Kommetter, ist um fünf Minuten zu spät dran, als sie um zehn Uhr ihren Müll zum Abfallkübel im Hof des Mordhauses bringt, sonst wäre sie unweigerlich mit dem Täter zusammengetroffen. Als sie das Haus verlässt und zu den Mülltonnen geht, fällt ihr noch nichts Verdächtiges auf. Aber auf dem Rückweg hat sie ein anderes Gesichtsfeld, und so erblickt sie die Geldmünzen, die auf der Kellerstiege verstreut herumliegen. Sie hält Nachschau, da sieht sie auch schon das Opfer vor sich. Kommetter erkennt den Briefträger, eilt sofort zum Telefon und alarmiert das Rote Kreuz und die Gendarmerie. Exakt um 10.05 Uhr geht der Notruf am Gendarmerieposten Knittelfeld ein.

Die Pensionistin Elisabeth Dobromisil war die Letzte, die Johann Fritz lebend gesehen hat. Um etwa 9.50 Uhr hatte der Briefträger ihre Wohnung verlassen, um 10 Uhr ging die Apothekerin außer Haus. Durch diese Aussagen der beiden Zeuginnen kann die Gendarmerie den Tatzeitpunkt bis auf maximal zehn Minuten eingrenzen. Und während eine Großfahndung nach dem Täter anläuft, kämpfen die Ärzte im Landeskrankenhaus Knittelfeld vergeblich um das Leben des Postbeamten.

Ein Gemeindebediensteter erhält den Auftrag, Luise Fritz zu verständigen. „Ihr Gatte ist überfallen worden und liegt im Spital", teilt er ihr mit. Die Frau eilt ins Krankenhaus, die Ärzte verweigern ihr aber den Zutritt zur Intensivstation, sie erfährt nicht, wie hoffnungslos die Situation ist, man lässt sie in Ungewissheit. Am späten Abend, um 22 Uhr, stirbt Fritz an den Folgen der Schädelzertrümmerung.

Nicht nur die Bemühungen, Johann Fritz zu retten, sind vergeblich, sondern auch die Fahndung nach dem Raubmörder muss ergebnislos abgebrochen werden. Tagelang kommen die Kriminalisten bei den Ermittlungen nicht weiter.

Während sie nach dem Täter suchen, ereignet sich am 8. Dezember, also sechs Tage nach der Bluttat, in der Nähe von Knittelfeld ein eigenartiger Vorfall, der letztlich einen Gymnasiasten vor das Schwurgericht bringt und einen aufsehenerregenden Indizienprozess auslöst.

An diesem 8. Dezember 1975 hängt Adele N., die Mutter des 18-jährigen Walter N., die in einer nagelneuen Waschmaschine frisch gewaschenen Jeans ihres Sohnes auf die Wäscheleine. Sie beobachtet dabei einen jungen Burschen, der ihr interessiert zusieht. Adele N. denkt sich nichts dabei und geht weg, doch als sie wiederkommt, ist die Hose verschwunden. Sie verständigt die Gendarmerie und erstattet eine Diebstahlsanzeige. Der Hosendieb kann rasch ausgeforscht werden, es handelt sich dabei um einen gewissen Johann J., der Walter N. zuvor auch schon einmal ein Moped gestohlen haben soll. An der gewaschenen Hose entdecken die Gendarmen aber Blutflecken der Blutgruppe B. Auch Johann Fritz hatte Blutgruppe B.

Am 9. Dezember gegen 22 Uhr holen die Gendarmen Mutter und Sohn zum Posten. Die beiden sollen zunächst die Hose identifizieren, bevor sie mit den Blutflecken konfrontiert werden. Walter N. erklärt: „Die sieht genauso aus wie meine." Seine Mutter erkennt die Hose an einem Blechknopf und an einer Naht zwischen den Beinen, die sie selbst mit einem Goldfaden angefertigt hat.

Erst jetzt, nachdem die Hose identifiziert ist, geht es um die heikle Frage, wie das Blut auf die linke Vorderseite dieses Kleidungsstückes kommen konnte.

Als die Beamten N. zum ersten Mal die Flecken zeigen, sagt er: „Das kann nicht meine Hose sein", und er erklärt sich bereit, die Hose anzuprobieren. Sie passt, nur im Bund ist sie etwas zu weit. Jetzt behauptet der Gymnasiast: „Ich kann nicht schwören, dass es meine Hose ist." Den Gendarmen hält er vor: „Will man mich noch mehr verdächtig machen?"

Gegen Walter N. gibt es außer der Hose noch einen Verdachtsmoment: Eine Wirtin hatte nach dem Raubmord zu den Kriminalbeamten gesagt: „Schaut's euch diesen Schüler an, der spielt um hohe Summen."

Die Mutter darf nach Hause gehen, ihr Sohn wird weiter einvernommen – und als er schließlich ein Geständnis ablegt und dieses selbst niederschreibt, verhaftet. Doch kurz darauf widerruft er dieses Geständnis.

* * *

Der Indizienprozess gegen Walter N. beginnt am 13. Oktober 1976 um neun Uhr vor einem Jugendgeschworenengericht in Leoben und ist für sechs Tage anberaumt. Der Schwurgerichtssaal ist gerammelt voll, als der Vorsitzende OLGR Dr. Siegfried Wiltschi die Verhandlung eröffnet. Als Anklagevertreter agiert Erster Staatsanwalt Dr. Egon Homann, die Verteidigung hat der 79-jährige Wiener Staranwalt Dr. Michael Stern übernommen.

Schon am ersten Tag des Prozesses geht es um die Frage, wie es zu diesem Geständnis bei der Einvernahme durch die Kriminalbeamten der Gendarmerie gekommen war. Walter N. behauptet vor dem Gerichtshof: „Ich musste beim Verhör stehen. Es dauerte lange, ich durfte mich nicht niederlegen. Die Beamten sagten zu mir: ‚Du wirst sicher eingedreht (eingesperrt). Du bist nicht der Typ des Unschuldigen. Es haben schon viele Unschuldige ein Geständnis abgelegt, und wir haben ihnen nachgewiesen, dass sie unschuldig sind.' – Ich dachte mir: Wenn ich etwas erfinde, müssen sie mir beweisen, dass ich unschuldig bin, dass ich gar nichts getan habe."

„Warum haben Sie das Geständnis dann sofort widerrufen?" will Richter Wiltschi wissen. „Nachdem ich es geschrieben hatte, sagte der Beamte: Hör auf mit dem Blödsinn! Was soll das? Ich antwortete: Ich kann gar kein richtiges Geständnis machen. Man hielt mir dann vor: Dein Vater ist krank, deine Mutter hat einen Nervenzusammenbruch …"

Der Richter darauf: „Aber in diesem Geständnis sind viele Körnchen Wahrheit." N.: „Alles Dichtung." Es kommt zu einer dramatischen Szene: Walter N. bricht in Tränen aus und beteuert schluchzend: „Mit diesem Geständnis wollte ich erreichen, dass man merkt, dass ich gar nichts getan habe."

Michael Sterns Taktik sind Zwischenrufe, auch wenn sie nicht unmittelbar mit der Frage des Richters oder der Antwort des Angeklagten zu tun haben. Mehrmals ruft Wiltschi den Rechtsanwalt zur Ordnung, aber er bleibt bei seinem Verhalten. Der Richter: „Sie sind ein junger Mann in der Maturaklasse, Sie wollen durch ein Geständnis erreichen, dass Ihnen die Exekutive die Unschuld nachweist …?" Der Angeklagte nickt mit dem Kopf.

In dieser angespannten Situation ergreift der Anwalt das Wort und will seinem Mandanten mit einer Entlastungsoffensive beistehen. Er beginnt plötzlich vom „Zeitplan" des Mordvormittages zu sprechen. Erster Staatsanwalt Homann fährt dazwischen, weist Stern mit einer Handbewegung zurück: „Sie müssen konzentriert mitdenken!" Aber schon kurz danach ruft der Staranwalt neuerlich dazwischen: „Vierzehn Tage vor seiner Matura soll er das Verbrechen begangen haben?" Der Vorsitzende erinnert ihn daran, dass die Tat am 2. Dezember 1975 geschah, die Matura wäre im Juni 1976 fällig gewesen.

Im Hinterhof dieses Hauses geschah der Mord

Walter N. hatte nicht nur ein Geständnis niedergeschrieben, sondern auch eine Skizze vom Tatort gezeichnet. Auf Vorhalt des Richters meint er in der Verhandlung: „Es ist alles erfunden."

Auch die merkwürdige Geschichte mit der blutbeschmierten Hose wird ausführlich erörtert. N. bleibt dabei: „Das ist nicht meine Hose."

Der Gymnasiast war in den ersten Jahren ein guter Schüler, er verfehlte den „Vorzug" nur knapp. Aber in der sechsten Klasse kam es zu einem Leistungsabfall, da ließ der junge Bursch gewaltig nach. Um den Sprung in die Maturaklasse zu schaffen, musste er in Darstellender Geometrie eine Nachprüfung absolvieren. In dieser Zeit trieb er sich häufig in Gasthäusern herum und spielte – wie bereits erwähnt – gerne Karten, oft mehrere Tage hintereinander. Auch diese Lebensgewohnheiten des Walter N. werden vor dem Schwurgericht eingehend durchleuchtet.

Familie N. hatte einige Tage nach dem Mord zwei anonyme Briefe, einen mit Beschimpfungen, einen mit einer Erpressung, erhalten: „Ich habe dich am Tatort gesehen. Du konntest mich im Nebel nicht sehen. Bring mir am Freitag 10.000 Schilling auf den Friedhof, und ich verrate dich nicht." Zwei Freunde der Familie waren tatsächlich zum Friedhof gegangen, doch der Erpresser war nicht aufgetaucht. Der Familienrat beschloss nun, diese Briefe der Gendarmerie nicht zu übergeben. Dazu erklärt Walter N. vor Gericht: „Die Briefe sind ein Blödsinn, man kann mich nicht erpressen, denn ich habe nichts getan."

Auffallend war auch das Verhalten des Vaters von Walter N.: Er hatte nach der ersten Einvernahme seines Sohnes damit begonnen, rückblickend zum 3. Dezember 1975, ein Tagebuch zu schreiben. „Vater sagte: Man kann hinterher nicht wissen, was man gesagt hat", erklärt der Angeklagte, als er vor Gericht damit konfrontiert wird.

Im Prozess geht es auch um die entscheidende Frage, ob der Angeklagte in der Klasse war und am Religionsunterricht teilgenommen hatte, als der Mord im Hof geschehen war, oder ob er die Klasse verlassen hatte. Religionslehrer Prof. Walter Aschenbrenner hatte im Vorverfahren ausgesagt, N. habe am Unterricht nicht teilgenommen. Vor Gericht erklärt er nun: „Ich kann es nicht mehr sicher sagen." Auch die Mitschüler aus der Maturaklasse antworteten vor

Gericht: „Ich weiß es nicht ...", „Ich kann es nicht mit Bestimmtheit sagen ...", „Ich bin nicht ganz sicher ..."

Der Anklage beginnen die „Felle davonzuschwimmen", denn ob N. zur Tatzeit ein Alibi hat oder nicht, kann auch vor dem Jugendgeschworenengericht nicht geklärt werden. Die Tatwaffe war nie gefunden worden, sein Geständnis hatte der Schüler widerrufen, und das beim Überfall erbeutete Geld war verschwunden. Und Verteidiger Michael Stern bringt drei „große Unbekannte" ins Spiel, die für den Raubmord in Frage kommen könnten. Die Zeugin Maria Grasser hatte am Tag der Tat knapp nach neun Uhr bei der Verkehrsampel an der Kreuzung Kärntnerstraße–Gaalerstraße–Schmiedstraße einen Mann gesehen. Er war unrasiert, hatte den Hut tief ins Gesicht gezogen und war für die kalte Jahreszeit viel zu leicht gekleidet. Dr. Stern zur Zeugin: „Wartete dieser Mann auf jemanden?" Grasser: „Ja, es sah so aus."

Der zweite Unbekannte ist laut Stern ein Mann, den der Zeuge Josef Schlosser im Haus Kärntnerstraße 9, also in nächster Nähe des Mordhauses, gegen 9.30 Uhr angetroffen hatte. Als Josef Schlosser dort Wäsche zugestellt hatte, war ihm der Unbekannte im Stiegenhaus begegnet. „Es war auf keinen Fall Walter N.", ist sich der Zeuge bei seiner Aussage vor Gericht sicher. Als er das Haus damals wieder verlassen hatte, war Schlosser mit dem Briefträger Johann Fritz zusammengetroffen. „Servus, Fritz, bist auch unterwegs", hatte er den stets freundlichen und zuvorkommenden Postboten angesprochen. „Ja, ich muss doch auch etwas arbeiten", hatte Fritz noch geantwortet.

Stern wirft einen Blick zu den Geschworenen und bemerkt auf seine Art: „Hier soll alles verwischt werden!" Beisitzer OLGR Dr. Otto Poltsch weist den Vorwurf energisch zurück: „Das ist eine Unterstellung, Herr Verteidiger."

Aber nun zum dritten „großen Unbekannten": Die Zeugin Cäcilia Thaler war am Vorabend des Verbrechens im Hof des Hauses Kärntnerstraße 7 und sah beim Haus Nr. 9 einen Mann. Der Unbekannte, so die Frau, habe einen lichtgrauen Steirerrock und eine dunkle Hose getragen, war unrasiert und wirkte ungepflegt. Die Zeugin hatte den etwa 40- bis 50-Jährigen aufgefordert: „Verschwinden S'! Ich sperr jetzt zu."

Nach den Berichten über so viele Unbekannte wendet sich der Senat dem gerichtsbekannten Kurt P. zu, der der Enkel einer Zeugin im Gerichtsverfahren ist und bei ihr im Haus Nr. 9 wohnt. Neben dem bewusstlosen Briefträger hatte die Gendarmerie damals am 2. Dezember 1975 einen Brief gefunden, der an Kurt P. adressiert war und den der Raubmörder ausgestreut haben musste, als er sein Opfer beraubt hatte. P. war von der Gendarmerie sofort überprüft worden, er hatte für die Tatzeit ein einwandfreies Alibi, und sein Arbeitgeber, ein Tankwart, stellte ihm auch kein schlechtes Zeugnis aus.

Anderer Ansicht ist Dr. Stern im Gerichtsverfahren. Der Bursch sei, so der Verteidiger, wegen Trunkenheit von den Österreichischen Bundesbahnen entlassen worden. Aber so sehr sich der Anwalt auch bemüht, die Glaubwürdigkeit von Kurt P. in Frage zu stellen, der Vorsitzende greift ein und bemerkt mit allem Nachdruck: „Der Jugendliche geht jetzt einer geregelten Arbeit nach. Ich vertrete im Kreisgericht die Jugendgerichtsbarkeit, und ich sage: So schnell darf man den Stab über Jugendliche nicht brechen." Diese für das „Klima" des Leobener Prozesses bezeichnende Aussage des Richters hört auch der erst 19-jährige Walter N., zeigt darauf aber keinerlei Reaktion.

Die 21-jährige Schwester des Angeklagten, Roswitha N., teilt dem Gericht mit, dass sie am Vormittag, als die Tat geschah, zu Hause gewesen sei. Ihr Bruder sei nicht heimgekommen, um etwa die blutigen Bluejeans auszuziehen.

Michael Stern versucht neuerlich, alle jene Aussagen und Alibis von kriminellen Jugendlichen, die im Verfahren als Zeugen ausgesagt hatten, zu „zerpflücken". Er weist darauf hin, dass zur fraglichen Zeit in Knittelfeld auch noch andere Leute unterwegs waren, die für den Mord in Frage kommen konnten.

Vor allem auf den Hosendieb Johann J. hat es der Rechtsanwalt abgesehen: Der 17-jährige Mechanikerlehrling Johann K. aus Bruck, der mit J. inhaftiert war, hatte diesen im Vorverfahren schwer belastet. „Jedesmal, wenn wir in der Zelle über den Fall sprachen, wurde J. nervös", hatte K. zu Protokoll gegeben. Die Niederschrift wird verlesen, daraus geht hervor, dass J. von einer Eisenstange als Mordwaffe erzählt habe. Wenn vom ermordeten Briefträger die Rede war, habe J. immer geweint, und Walter N. sei er bei den Spaziergängen im

Gefängnishof jedesmal ausgewichen. Die Beute, so hatte P. behauptet, sei im Wald des Knittelfelder Indianerklubs vergraben. J. habe aber immer so erzählt, als hätte N. die Tat begangen.

Walter N. hatte in seinem Geständnis vor der Gendarmerie angegeben, eine Schließkette von seinem Moped genommen und damit auf Fritz eingeschlagen zu haben. Bezirksinspektor Johann Reicht von der Mordgruppe der Kriminalabteilung hatte das Geständnis nach dem Verhör gelesen und bemerkt: „Herr N., darüber werden wir noch einiges zu reden haben." Vor Gericht sagt Reicht nun aus: „Ich habe gemeint, dass vieles nicht stimmte. Wir holten die Mopedkette und das Schloss und stellten fest: Das ist nicht die Tatwaffe." Das bestätigte später auch Gerichtsmediziner Prof. Dr. Wolfgang Maresch.

Einen Höhepunkt erreicht der Prozess am fünften Tag. Zunächst nimmt der Verteidiger Kontrollinspektor Franz Egger scharf ins Verhör. Egger war damals Chef der Mordgruppe und hatte die Ermittlungen in Knittelfeld geleitet. „Im dünnen Neuschnee am Tatort wurden Fußspuren gefunden und zwecks Sicherung mit Pappkartons abgedeckt. Wurden mit anderen Burschen, die vernommen worden waren, Schuhvergleiche gemacht?" fragt Stern den Zeugen. Egger: „Die hatten wir als Verdächtige schon ausgeschieden, daher gab es keine Schuhvergleiche." Der Anwalt fährt fort: „Gab es mit J., dem Hosendieb, einen Schuhvergleich?" Jetzt greift Spurensicherer Revierinspektor Fritz Luef ein: „Das habe ich schon in der Verhandlung am 14. Oktober gesagt: Mit J. wurde kein Schuhvergleich gemacht." Stern: „Wurden die Spuren mit den Schuhen von N. verglichen? War der Vergleich negativ?" Kontrollinspektor Egger: „Ja."

Am Tatort waren eine Brille und ein Taschentuch sichergestellt und auf Walter N. überprüft worden. Egger: „Sogar ein Nasensekret wurde in einem Papier- und in einem Stofftaschentuch ans Gerichtsmedizinische Institut zur Untersuchung eingeschickt. Die Untersuchung war negativ." Der Eigentümer von Brille und Taschentuch war nie ausgeforscht worden.

Während Adele N. als Zeugin den Gerichtssaal betritt, greift der angeklagte Sohn zum Taschentuch und weint vor sich hin. Als sie Staatsanwalt Dr. Homann mit ihrer Aussage vor der Gendarmerie konfrontiert, in der sie behauptet hatte, dass die Hose ihrem Sohn gehöre, beginnt sie zu schluchzen und zu weinen. Dr. Wiltschi ordnet eine kurze Pause an, dann bricht er die Verhandlung ab: „Ich lasse mir nicht nachsagen, dass ich die Zeugin unter Druck setze." Am nächsten Morgen erscheint die Zeugin aber erst gar nicht mehr, und Dr. Stern gibt bekannt, dass sie einen Nervenzusammenbruch erlitten habe.

Drei Stunden beraten die Geschworenen, dann gibt Vorsitzender Wiltschi das Ergebnis bekannt: Mit sieben zu einer Stimme wird Walter N. freigesprochen und sofort enthaftet. „Jetzt mache ich die Matura", sind seine ersten Worte in Freiheit.

* * *

Heute lebt N. im Haus seiner Eltern, ist verheiratet und Vater von zwei Töchtern.

Luise Fritz, die Witwe des ermordeten Postbeamten, schreibt sich während des Frühstücks weiterhin den Kummer von ihrer Seele. „Es sind bei den Ermittlungen so viele Fehler passiert", ärgert sie sich. „Und die Vertreter der Post haben mir am Grab meines Mannes zugesichert, dass ich von ihnen jede Unterstützung haben könnte. Es waren nur schöne Worte, sonst nichts. Und 25 Jahre habe ich darum gekämpft, dass ich den Kopf meines Mannes, der bei der Gerichtsmedizin aufbewahrt war, beerdigen kann. Jetzt erst, nachdem mir ein Grazer Rechtsanwalt geholfen hat, bekam ich den Kopf von meinem Hansi."

Der zweifache Frauenmörder

Die Fälle Gerlinde Aigner (1962) und
Erika Zeier (1977)

Die Frau war 18 bis 25 Jahre alt, 165 Zentimeter groß und hatte aschblondes Haar. Sie war in der Zeit zwischen dem 1. und 4. August 1977 gestorben, und sie war zerstückelt worden. Das ist alles, was vorerst feststellbar ist. Eine Gesichtsmaske der unbekannten Toten anzufertigen, um sie identifizieren zu können, ist faktisch unmöglich. Dazu reichen die Spuren, die am Klippitztörl gefunden wurden, nicht aus.

Der Mörder hatte die Gliedmaßen und den Kopf vom Rumpf, der noch immer spurlos verschwunden ist, getrennt, danach die Frau skalpiert, ihr die Ohren abgeschnitten und die Leichenteile auf einer Waldlichtung am Klippitztörl mit Benzin übergossen und angezündet.

Wer ist diese unbekannte Tote? Und wo wurde sie ermordet? „So lange wir nicht wissen, wer die Frau ist, werden wir auch den Mörder nicht ausforschen können", sagt Oberstleutnant Payer von der Gendarmerie-Kriminalabteilung Kärnten. Weder die Goldkrone, die das Opfer in der rechten Mundseite getragen hatte, noch die inzwischen festgestellte Blutgruppe A positiv bringen die Kriminalisten bei den Ermittlungen weiter.

Das Opfer könnte eine Touristin aus Kalifornien (USA) sein: Die junge Julie Schleimer hatte am 3. August am Wiener Westbahnhof eine Fahrkarte nach Lienz gelöst und den Kurswagen benutzt. Seither aber ist sie verschwunden, nur ihr Rucksack war im Abteil zurückgeblieben und am Bahnhof in Lienz sichergestellt worden. Ist sie das Opfer vom Klippitztörl?

Aber dieser Verdacht zerschlägt sich ebenso wie die Hoffnung, dem Mörder durch ein Magnetband auf die Spur zu kommen. Am Auffindungsort war nämlich der Stoffrest von einem Polsterüberzug sichergestellt worden. Derartige Polsterüberzüge wurden im Herbst-Winter-Katalog von ModenMüller angeboten, und die Kunden werden üblicherweise auf einem Magnetband registriert, aber in diesem Fall existierte keines mehr.

Seit dem Auffinden der verkohlten Gliedmaßen und des Kopfes am 5. August 1977 sind 14 Tage vergangen – und die Kriminalisten haben noch immer keine Anhaltspunkte, wer die ermordete Frau sein könnte. Da findet der Altbauer Franz Srienz in einem entlegenen Waldstück an der Gemeindegrenze zwischen Eberndorf und Gallizien in

Opfer Erika Zeier

Südkärnten den Rumpf einer Toten, der ebenfalls angezündet worden war. Wie schon auf dem Klippitztörl ist auch hier ein kleines Stück Stoff nicht ganz verbrannt – und in diesem Stoff findet sich die kleine Wäschemarke einer Grazer Wäscherei, die endlich die große Wende in diesen aufsehenerregenden Kriminalfall bringt.

In dieser Wäscherei in Graz-Andritz stoßen die Klagenfurter Kriminalisten auf den Namen der Serviererin Erika Zeier. Die 31-jährige Mutter einer siebenjährigen Tochter ist nun schon seit drei Wochen spurlos verschwunden. Jetzt wird der Kärntner Kriminalfall auch ein Fall für die Grazer Kriminalpolizei und für die Kriminalabteilung des steirischen Landesgendarmeriekommandos. Denn in der Wohnung von Erika Zeier in der Hermann-Bahr-Gasse 10 werden Blutspuren festgestellt, und der Lebensgefährte der Frau ist niemand anderer als der 36-jährige Vertreter Ferdinand K., der schon 1962 in Fürstenfeld in den Mordfall Gerlinde Aigner verwickelt gewesen war. Zehn Monate war er damals in Untersuchungshaft gesessen, hatte aber dann aus Beweismangel freigelassen werden müssen.

K. wird auf dem Klagenfurter Messegelände, wo er für eine Grazer Firma tätig ist, verhaftet und nach Graz überstellt. Die Indizien gegen ihn sind erdrückend, dennoch leugnet er zunächst, verwickelt sich aber zunehmend in Widersprüche. Seine Freundin sei mit einer Kellnerin und einem Grazer Ehepaar nach Italien gereist, behauptet er. Diese Kellnerin hält sich aber in Graz auf und weiß von der Reise nichts. Außerdem hatte der Arbeitgeber des Opfers ein Schreiben erhalten, worin Zeier ihre Kündigung bekannt gegeben hatte. Ihrer Ziehmutter und ihrer Tochter hatte sie aber vor einigen Wochen anvertraut, sie wolle unbedingt in dem Lokal weiterarbeiten.

Immer enger zieht sich die Indizienkette um Ferdinand K., den „freundlichen Ferdl", zusammen. Schließlich gesteht er die Tat. Zunächst behauptet er, dass seine Freundin mehrere Verehrer gehabt und er in der Tatnacht einen bei ihr in der Wohnung ertappt habe und dann ausgerastet sei, dann aber gibt er zu, dass er das eigentliche Tatmotiv nur habe verschleiern und ein Eifersuchtsdrama vortäuschen wollen, um Haftmilderungsgründe zu erlangen. Das wahre Motiv war, dass Erika Zeier Schluss gemacht hatte. „Nimm deine Koffer und geh", habe sie zu ihm gesagt, als er nach Hause gekommen sei, gibt K. beim Verhör dem Mordgruppenchef Fritz Zotter zu Protokoll. „Sie hat mich verstoßen!" weint der Täter.

K. hatte Zeier erwürgt und danach in der Badewanne zerstückelt, aber nicht mit einer Kettensäge, wie der Gerichtsmediziner vermutete,

Im Koffer brachte K. die Leichenteile weg: Der Täter beim Lokalaugenschein

133

sondern mit zwei scharfen Küchenmessern, dann hatte er die Leichenteile in einen Koffer verpackt und nach Kärnten transportiert. Der Grazer Mord ist geklärt. Nun übergeben die Beamten der Mordgruppe Zotter den Täter der Gendarmerie-Kriminalabteilung. Es gebe zwar neue Hinweise, die K. auch im Fall Aigner belasten, aber Oberstleutnant Walter Zach ist skeptisch: „Wahrscheinlich können wir den Mord nur klären, wenn der Verdächtige ein Geständnis ablegt." Doch das ist nicht zu erwarten, er leugnet hartnäckig, wenn ihn die Kriminalisten auf den Mord an Gerlinde Aigner ansprechen.

* * *

Blicken wir zurück in das Jahr 1962. Am Abend des 10. Dezember verlässt die 20-jährige Gerlinde Aigner ihren Arbeitsplatz, eine Spinnerei in Neudau, und fährt mit dem Arbeiteromnibus nach Fürstenfeld, wo sie zu Hause ist. Um 23 Uhr steigt sie mit anderen Arbeiterinnen aus dem Bus, dann verschwindet sie spurlos. Erst am Vormittag des Heiligen Abends findet ein Landwirt ihre Leiche in einem Maisacker neben dem Sportplatz. Die Frau ist erwürgt worden, schließlich hat ihr der Täter noch die Kehle durchtrennt. Die Zeitungen sind voll mit Berichten über den Mord an der bildhüb-

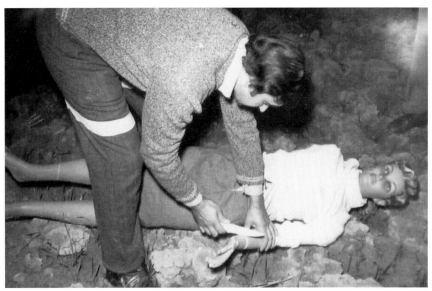

An einer Puppe zeigt K., wie er Aigner getötet hat

schen Gerlinde. Es wird über einen „Vollmondmörder" geschrieben, und es werden Verbindungen zu zwei ungeklärten Mädchenmorden in Graz und Bruck hergestellt. In der Todesnacht von Gerlinde Aigner war tatsächlich Vollmond. Auch vom 14. zum 15. Oktober 1961, als Hannelore Gruber in Bruck, und vom 14. zum 15. September 1962, als Renate Fortmüller in den Grazer Murauen erwürgt wurden, war der Mond voll. Und alle drei Frauen wurden im Freien getötet.

Revierinspektor Franz Egger von der Mordgruppe der Erhebungsabteilung und seine Kollegen kämpfen mit der Zeit, sie läuft ihnen davon.

Opfer Gerlinde Aigner

Durch Hinweise aus der Bevölkerung stoßen sie auf zwei Gendarmeriebeamte, die Gerlinde Aigner gut gekannt hatten. Einer von ihnen hatte sich mit ihr öfters getroffen und lebte zum Zeitpunkt des Mordes mit seiner Frau in Scheidung. Das könnte ein Mordmotiv gewesen sein, überlegen die Kriminalisten. Sie erfahren aber auch von Ferdinand K., der Aigner ebenfalls gekannt hatte und dessen Fahrzeug zur fraglichen Zeit in Tatortnähe gesehen worden war. Er aber leugnet – und wird dennoch in Untersuchungshaft genommen. Zehn Monate sitzt er im Gefängnis, dann muss er aus Mangel an Beweisen wieder freigelassen werden.

* * *

Jetzt steht der Vater von zwei Mädchen, zehn und zwölf Jahre alt, und eines Buben im Alter von elf Jahren neuerlich unter Verdacht, Gerlinde Aigner ermordet zu haben.

Aber Ferdinand K. leugnet nach wie vor jeden Zusammenhang mit dem Verbrechen an Gerlinde Aigner, es ist genau das eingetreten, was Oberstleutnant Walter Zach schon zu Beginn der Ermittlungen befürchtet hatte. Auch Untersuchungsrichter Dr. Johann Fladischer spricht den Untersuchungshäftling beim Verhör in der Zelle auf den Mord vor 15 Jahren an. „Ich kann nicht sagen, was nicht wahr ist", beteuert der Verdächtige. „K., erleichtern S' doch endlich Ihr Gewis-

In diesen Teppich wickelte K. Erika Zeier, ehe er sie zerstückelte

sen", drängt der Richter. „Ich möchte nur mit Ihnen allein reden", verlangt er schließlich – und als er mit Fladischer allein im Raum ist, gesteht er den Mord an der Fürstenfelderin. „Herr Rat, ich habe auch Gerlinde Aigner umgebracht. Ich habe sie erwürgt." Über das Motiv sagt der Täter, er habe seine Verlobte sehr gern gehabt und sie nicht verlieren wollen. Aigner, mit der er ebenfalls enger befreundet war, habe ihm gedroht, alles seiner Freundin zu erzählen, da sei es zu einer Auseinandersetzung gekommen. Sie hätten sich geschlagen, er habe das Mädchen gewürgt und ihr, als sie bereits bewusstlos war, mit seinem Taschenmesser den Hals und die Pulsadern durchgeschnitten. „Das Taschenmesser ist dabei gebrochen, ich habe es weggeworfen."

Mit diesem Mordgeständnis fällt auch von den beiden Gendarmen, aber auch noch von anderen Männern aus Fürstenfeld ein schwerer Verdacht, mit dem sie 15 Jahre lang leben mussten.

* * *

Wegen zweifachen Mordes wird Ferdinand K. am 18. April 1978 zu einer lebenslangen Gefängnisstrafe verurteilt. Seit einigen Jahren befindet er sich bereits wieder in Freiheit.

136

Blutbad am Herzogberg

Rupert Trojacek (1978)

Als Gendarmerie-Postenkommandant Gruppeninspektor Johann Stauber, Bezirksinspektor Jakob Eggenreich und Inspektor Johann Müllner das alte Bauernhaus am Herzogberg 19 bei Kindberg betreten, liegt der bärtige Mann auf dem Diwan im Wohnzimmer und schaut sich das Schispringen an, das im Fernsehen gerade live übertragen wird.

Es ist der 30. Dezember 1978, knapp vor 15 Uhr, ein Tag vor Silvester, und der Mann will seine Ruhe haben, vor allem beim Fernsehen will er nicht gestört werden. Die Gendarmen fordern ihn auf, sich auszuweisen. „Ich heiße Anton Billina", anwortet er und greift in die Tischlade, um – so hat es den Anschein – einen Ausweis hervorzuholen. „Sie sind ausgeschrieben und müssen zum Posten nach Kindberg zur Feststellung ihrer Identität mitkommen", fordert ihn einer der Beamten auf. Der angebliche Anton Billina ist nur mit einer Unterhose bekleidet und bittet daher seine Lebensgefährtin Hermine S., ihm Kleider aus dem Schlafzimmerschrank zu holen. Während die Frau das Wohnzimmer verlässt, überstürzen sich die Ereignisse. Ihr Freund hat plötzlich eine Pistole (Modell Orgris, Kaliber 6,35 Millimeter) in der Hand und feuert. Jakob Eggenreich wird als erster

Rupert Trojacek beim Lokalaugenschein

getroffen und flüchtet trotz schwerer Verletzungen aus der Wohnstube ins Freie.

Dort liegen hinter einem Funkpatrouillenwagen verschanzt seine Kollegen, der Postenkommandant von Stanz im Mürztal, Gruppeninspektor Konrad Sterninger, und Inspektor Franz Steiner. Die beiden Beamten hatten an diesem Tag Verkehrsdienst und waren von Jakob Eggenreich für den Einsatz am Herzogberg angefordert worden. Die Gendarmen am Posten Kindberg hatten nämlich einen Hinweis erhalten, dass sich in dem alten Bauernhaus ein gewisser Rupert Trojacek eingemietet habe, der wegen Betruges zur Verhaftung ausgeschrieben war. Und die Gendarmen waren auch darüber informiert worden, dass Trojacek zahlreiche Waffen besitzen soll. Deshalb hatte Postenkommandant Stauber angeordnet, dass ihnen die beiden uniformierten Gendarmen vom Verkehrsdienst aus einiger Entfernung Rückendeckung geben sollen, während er und seine beiden Kollegen in Zivilkleidung unterwegs waren.

Als die beiden Gendarmen die Schüsse im Haus hören, verlassen sie ihre Deckung, um den Kollegen zu helfen, da taumelt ihnen bereits Eggenreich entgegen: „Ich bin getroffen worden!", schreit der lebensgefährlich verletzte Gendarm den Kameraden zu. Währenddessen versuchen die flüchtenden Stauber und Müllner in Deckung zu gehen, haben aber keine Chance. Trojacek schießt ihnen in den Rücken, sie sind sofort tot. Dann verfolgt er den flüchtenden Eggenreich, er rechnet offensichtlich aber nicht damit, dass vor dem Haus noch zwei weitere Beamte postiert sind. Als Trojacek das Haus verlässt, will Steiner schießen, doch zwischen dem Täter und ihm befindet sich der Verletzte. Die Gefahr, dass er den angeschossenen Kollegen treffen könnte, ist groß. Daher schießt Steiner mit seiner Maschinenpistole erst, nachdem Eggenreich aus der Schusslinie ist. Er trifft nicht, und Trojacek verschwindet wieder im Gebäude.

Kurz darauf kommt er neuerlich heraus, auf seiner Schulter trägt er den toten Müllner und wirft die Leiche vor dem Eingang zu Boden. Jetzt reißt Gruppeninspektor Sterninger seinen Karabiner hoch und drückt ab, zwei Schüsse peitschen auf, Trojacek wird im Bereich der Schulter getroffen. Wieder flüchtet er ins Haus. Das Magazin der Pistole hat er längst leergefeuert, jetzt greift der Täter zu seiner Winchester, seiner Schrotflinte, seinem Flobertgewehr und verschanzt sich damit im Obergeschoss des Hauses, während seine Lebensgefährtin und sein Vater hinter der Ofenbank in Deckung gegangen sind.

Aus der Ferne sind inzwischen bereits die Gendarmerie- und Rettungsfahrzeuge zu hören. Mit eingeschaltetem Blaulicht und Folgetonhorn rasen die Rettungswagen und Gendarmeriestreifen den Berg hinauf, denn es ist höchte Eile geboten.

Rettungsfahrer Johann Schneidhofer aus Kindberg und Sanitäter Hermann Milchrahm sind als Erste am Tatort. Sofort verladen sie Jakob Eggenreich in den Rettungswagen, dann fährt Schneidhofer einige Meter Richtung Haus, er weiß nicht, dass Müllner schon längst tot ist, er will ihn aus der Gefahrenzone bergen. Jetzt krachen wieder Schüsse, Trojacek jagt 51 Kugeln in das Rettungsauto, Schneidhofer wird im Gesicht durch Glassplitter verletzt.

In der Folge trifft die Gendarmerieverstärkung ein, schließlich erkennt Trojacek, dass er sich in einer ausweglosen Lage befindet und gibt auf. Er wirft seine Waffen aus dem Fenster, dann kommt der angeschossene Täter aus dem Haus.

Der Rettungswagen wurde von 51 Kugeln getroffen

139

Bezirksinspektor Meinhard Novak von der Gendarmerie-Kriminal-außenstelle Bruck zeigt auf die toten Kollegen und schreit Trojacek an: „Da schauen Sie, was Sie angerichtet haben, der Posten-kommandant tot, der junge Müllner tot!" – „Das tut mir Leid, der Müllner ist doch erst vor zwei Wochen Vater geworden", bemerkt Rupert Trojacek und verlangt, dass Novak ihn auf der Fahrt zum Gendarmerieposten Kindberg begleitet. Zu diesem Beamten hat Trojacek offensichtlich Vertrauen, ihm will er auch ein Geständnis ablegen. Unterwegs berichtet er dem Kriminalisten von einer weite-ren Bluttat in Deutschland: „Ich habe im März 1977 in München einen Mann erschlagen!" Beim Verhör am Posten wiederholt er die-ses Geständnis auch vor Major Karl Klug und Gruppeninspektor Jo-hann Reicht von der Kriminalabteilung Graz. Trojacek hatte das Op-fer nach einem Streit in einem Park niedergeschlagen, mit den Füßen getreten und danach in den Eisbach geworfen. In diese Tat waren noch zwei Deutsche verwickelt gewesen.

* * *

Im September 1977 entschließt sich dann der damals 26-jährige Marktfahrer Rupert Trojacek, unterzutauchen, denn er befürchtet, dass er wegen der Gewalttat in München verhaftet werden könnte. Unter dem falschen Namen Anton Billina mietet er das alte Bauern-haus am Herzogberg, in das auch sein Vater und seine Lebensgefähr-tin einziehen. Trojacek ist zur Verhaftung ausgeschrieben, weil er einen anderen Marktfahrer betrogen hat. Der Geschädigte sucht ihn und stöbert Rupert Trojacek tatsächlich in Kindberg auf, sofort ver-ständigt der Mann die Gendarmerie. Als die Gendarmen – wie geschildert – vor dem Gesuchten stehen, glaubt dieser, dass er wegen der Tat in München verhaftet werden soll, da greift er zur Waffe. „Die wollten mich mitnehmen, ich aber wollte mir das Schispringen anse-hen – und dabei nicht gestört werden", sagt er beim Verhör.
Erst nach der Einvernahme, gegen zwei Uhr früh, wird der Täter in das Landeskrankenhaus Mürzzuschlag gebracht und ärztlich ver-sorgt.

* * *

Vor Gericht wird Rupert Trojacek vom Wiener Staranwalt Dr. Michael Stern verteidigt. Aber auch der kann ihm nicht helfen: Der Angeklagte erhält „lebenslang" und begeht im Gefängnis Selbstmord.

Der Liebespaarmord

Josef R. (1980)

„Da hat schon wieder ein Fischer seinen Pkw in der Wiese abgestellt", denkt sich der Landwirt Josef Nöhrer, als er am 20. Juli 1980 um 12.30 Uhr mit seinem Traktor nahe der Rauchmühle im Bereich der Lafnitz in Unterrohr unterwegs ist. Um 14 Uhr fährt er wieder zurück – und das Auto steht noch immer dort, unterwegs trifft er auch den Bauern Rudolf Jakum, und die beiden reden über den Wagen in der Wiese. „Das Auto wird einem Fischer gehören", sagt Nöhrer. „Den Wagen habe ich schon um 9.30 Uhr gesehen", antwortet Jakum und fordert Nöhrer auf: „Komm, den schauen wir uns an."
Gemeinsam gehen die beiden Bauern zum Fahrzeug, und sofort fällt ihnen auf, dass die hintere Seitenscheibe kaputt ist und im Pkw Glassplitter herumliegen. Auf dem Rücksitz befindet sich ein Fell, Rudolf Jakum zieht es hoch, er prallt entsetzt zurück. „Da liegt eine Leiche ..." Der Landwirt kennt den Toten, es ist der 19-jährige Fleischhauer Johann Binder aus dem benachbarten Ort Wolfau im Burgenland, sein Gesicht ist blutverschmiert. „Da ist etwas ganz Schreckliches geschehen", schießt es ihm durch den Kopf.
Mit dem Traktor fahren die beiden Männer sofort zum nächsten Telefon und alarmieren über Notruf die Gendarmerie in Hartberg. Nöhrer wartet vor dem Gasthaus Ernst auf den Streifenwagen, um die Gendarmen einzuweisen, sein Begleiter fährt zum Auffindungsort zurück und wartet dort auf das Eintreffen der Exekutive.
Um 15.30 Uhr erreicht das Fernschreiben den Journaldienst der Kriminalabteilung in Graz. Darin wird mitgeteilt, dass Johann Binder in seinem Pkw tot aufgefunden worden ist und seine 19-jährige Freundin Helga Herbst aus Unterrohr spurlos verschwunden sei. Mordalarm! Bereits eindreiviertel Stunden später ist die Mordkommission der Gendarmerie an Ort und Stelle und beginnt mit der Spurensicherung und den Ermittlungen.
Etwa zehn Meter vom Auto entfernt liegen im Gras unter Bäumen ein Paar Damenhalbschuhe. Die Kriminalisten vermuten, dass es

sich dabei um die Halbschuhe der abgängigen Freundin des Opfers handeln könnte. Josef Binder wird geholt, er muss seinen toten Sohn identifizieren, und auch Karl Herbst erkennt die Halbschuhe einwandfrei. „Die gehören meiner Tochter", bestätigt er und befürchtet Schlimmes, während viele Schaulustige das Geschehen aus geringer Entfernung beobachten.

Um 19.15 Uhr trifft die Gerichtskommission mit Gerichtsmediziner Dozent Dr. Richard Dirnhofer ein und nimmt einen Ortsaugenschein vor, dann wird die Leiche in das Landeskrankenhaus Hartberg gebracht und obduziert. „Johann Binder ist aus nächster Nähe erschossen worden", stellt Dirnhofer fest. Es handelt sich eindeutig um Mord, und es ist zu befürchten, dass auch die Geliebte des erschossenen Fleischhauers nicht mehr am Leben ist.

Tagelang wird die ganze Umgebung nach Helga Herbst abgesucht. Dabei werden Gendarmerieschüler aus Graz, Gendarmerie-Hundestreifen, die Hundestaffel des Roten Kreuzes, die Feuerwehr, freiwillige Helfer und ein Hubschrauber des Innenministeriums eingesetzt. Dutzende Gendarmen und Kriminalbeamte beteiligen sich ebenfalls an der Suchaktion. Die Kriminalabteilung Eisenstadt schickt Beamte nach Unterrohr, die mit einem Schlauchboot die Lafnitz absuchen.

Opfer Helga Herbst

Opfer Johann Binder

Die Kriminalisten suchen aber nicht nur nach Helga Herbst, sondern auch nach dem Tatort, denn es steht einwandfrei fest: Jene Stelle, an der der Pkw abgestellt war, ist nicht mit dem Tatort identisch. Auch am 26. Juli 1980 wird wieder gesucht – doch diesmal werden die Suchmannschaften fündig. Der schreckliche Verdacht bestätigt sich, Helga Herbst ist nicht mehr am Leben, sie ist ebenfalls erschossen worden, die Leiche liegt in einem Maisacker und ist bereits stark verwest. Der Bürgermeister von Unterrohr identifiziert die Leiche. Gerichtsmediziner Dr. Peter Leinzinger stellt bei der Obduktion fest, dass Herbst wahrscheinlich durch einen angesetzten Schuss aus einem Kleinkalibergewehr getötet worden war. Mit so einer Waffe war auch ihr Freund erschossen worden, das ergibt auch die Untersuchung von zwei Patronenhülsen, die im Pkw von Johann Binder sichergestellt worden sind. Und noch etwas ist jetzt klar: Am Waldrand, unweit jener Stelle, wo die Tote gefunden worden ist, liegen Glassplitter, es sind Splitter der Seitenscheibe von Binders Pkw. Das ist der Tatort, hier ist das Liebespaar ermordet worden.

Auch die Tatzeit kann eingegrenzt werden: Zeugen berichten, dass sie Helga Herbst und Johann Binder am Sonntag, dem 20. Juli 1980, zwischen drei Uhr und halb vier Uhr früh noch beim Sommerfest in Markt Allhau gesehen hatten. Um 5.45 Uhr war Anton Tödtling aus Unterrohr mit seinem Moped zur Lafnitz gefahren, um zu fischen, da war ihm der in der Wiese abgestellte Pkw bereits aufgefallen. Der Doppelmord muss also innerhalb von zwei Stunden und 45 Minuten verübt worden sein.

Später können die Kriminalisten Zeugen ermitteln, die um etwa vier Uhr früh Schüsse gehört hatten, und der Salzburger Johann Donik, der am Tag der Tat bei einer oststeirischen Familie auf Besuch war, kann sich an die Zeit exakt erinnern, weil er auf die Uhr gesehen hatte. Die Schüsse waren um 3.50 Uhr abgefeuert worden.

Trotz dieser genauen Tatzeit kommen die Kriminalbeamten bei den Ermittlungen nicht weiter. Bis zum 11. August werden 69 Kleinkalibergewehre untersucht, 300 Personen befragt und überprüft, davon 30 als Verdächtige, aber vom Täter fehlt jede Spur. Der Tierpräparator Josef R. aus dem Bezirk Güssing wird von den Beamten der Kriminalaußenstelle Oberwart sogar zweimal nach einem Kleinkalibergewehr befragt, das erste Mal bereits am 27. Juli. Doch

In diesem Auto wurde die Leiche von Johann Binder gefunden

jedes Mal streitet er ab, überhaupt ein solches Gewehr besessen zu haben.

R. ist als gewalttätig bekannt und hatte im Jahr 1972 mit einem Flobertgewehr, also einer Kleinkaliberwaffe, einen Hund erschossen. Daran erinnert sich ein Gendarmeriebeamter des Postens Stegersbach, und das teilt er am 11. August den Grazer Kriminalisten mit. Bereits am nächsten Tag erhält der Tierpräparator wieder Besuch von Kriminalisten und Gendarmen – und diesmal bringen sie gleich einen gerichtlichen Hausdurchsuchungsbefehl mit. Wieder will R. von einem Kleinkalibergewehr nichts wissen, verwickelt sich dann aber in Widersprüche und muss schließlich eingestehen, ein Flobertgewehr mit abgesägtem Lauf und verkürztem Schaft besessen zu haben, die Waffe sei ihm aber vor etwa sechs Wochen gestohlen worden.

Die Gendarmerie holt das Bundesheer zu Hilfe, Soldaten suchen mit Minensuchgeräten das Gelände nach Patronenhülsen ab. „Da drüben hat der Dati immer geschossen", erzählen die Kinder des Verdächtigen Gruppeninspektor Johann Reicht voller Eifer, ohne zu ahnen, worum es eigentlich geht. Drüben beim Misthaufen werden die

Suchmannschaften tatsächlich fündig: Zwei Patronenhülsen werden sichergestellt und der Kriminaltechnik der Bundespolizeidirektion Graz zur Untersuchung weitergeleitet. Ein Vergleich mit den im Auto von Binder vorgefundenen Hülsen ergibt: Die vier Patronenhülsen sind mit größter Wahrscheinlichkeit mit ein und derselben Waffe abgefeuert worden. Die Kriminalisten können R. auch einen Einbruch nachweisen, bei dem ein Kleinkalibergewehr gestohlen worden war. Jetzt suchen sie beim Bestohlenen nach Patronenhülsen, denn er hatte auch einst mit dem Gewehr Schießübungen durchgeführt. Sie finden die Beweisstücke in einer Regentonne, und auch diese Hülsen sind mit den anderen vier identisch. R. muss das Gewehr gestohlen und damit geschossen haben, darauf baut später auch die Anklage auf. Bei der Hausdurchsuchung wird zahlreiche Diebsbeute sichergestellt. Es stellt sich heraus, dass Josef R. gemeinsam mit seiner Gattin über 40 Einbrüche verübt hatte. Das gesuchte Kleinkalibergewehr wird aber nicht gefunden.

Trotzdem wird Josef R. nach einem tagelangen Indizienprozess im Grazer Straflandesgericht zu lebenslanger Freiheitsstrafe verurteilt.

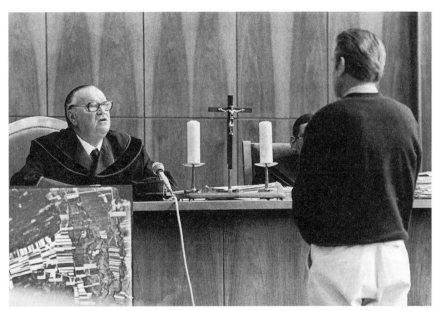

Josef R. vor Gericht: Lebenslänglich!

Tödliche Verwechslung

Der Fall Franz Gross (1981)

Der 53-jährige Postingenieur Franz Gross aus Baden bei Wien ist ein leidenschaftlicher Tänzer. Wann immer er nach Graz kommt, besucht er das Tanzcafé Gottinger. Auch an diesem kaltfeuchten Abend des 11. November 1981 entschließt er sich, das In-Lokal in Straßgang aufzusuchen. Doch diesmal wird nicht getanzt. Die Aufmerksamkeit des Niederösterreichers, der von zwei Wiener Kollegen und einer Grazer Kollegin begleitet wird, gilt ganz der Showgruppe „Cathy & Collins".

Im Lokal herrscht wie immer eine großartige Stimmung, das Publikum ist begeistert, auch Franz Gross und seine Begleiter sind bester

Franz Gross und Franz Hartmann

Laune. Sie unterhalten sich angeregt, die Stunden vergehen viel zu rasch.

Gegen 0.45 Uhr verlassen die drei Männer und ihre Begleiterin das Lokal. Ing. Walter Q. geht voraus. Vor dem Schaukasten, der an der Wand neben der Eingangstür hängt, bleibt er stehen und betrachtet noch einmal das Bild der Showgruppe.

Einige Schritte dahinter geht Franz Gross, als plötzlich ein Fremder aus der Dunkelheit auftaucht, dessen Gesicht durch eine Strumpfmaske verdeckt ist. Die unheimliche Gestalt geht zielsicher auf Franz Gross zu, und im nächsten Augenblick peitschen Schüsse durch die Nacht.

Franz Gross wird am rechten Ohr und an der Schläfe verletzt. Ein Projektil durchschlägt seinen Brustkorb und bleibt in der Lunge stecken. Das Opfer

146

taumelt, es ist lebensgefährlich verletzt. Trotzdem schleppt es sich noch mit allerletzter Kraft zu einer Steinmauer im Garten, wenig später ist Franz Gross tot.

Der Mörder flüchtet über den Katzelbach in Richtung Kärntnerstraße. Dort nimmt kurz nach dem Mord ein Taxi einen Fahrgast auf und bringt ihn in die Waltendorfer Hauptstraße.

Als die Polizei davon erfährt, schließt sie einen möglichen Zusammenhang zwischen dem Mord vor dem Tanzlokal Gottinger und dem Fahrgast nicht aus. Eine Großfahndung läuft an. Der „Verdächtige", es handelt sich um den Schlafwagenkellner Manfred M. aus Graz, wird in einem Lokal angetroffen und überprüft.

Zwar ergeben sich dabei keine Anhaltspunkte, dass der Grazer den Mord verübt haben könnte, trotzdem aber veranlassen die Kriminalisten sicherheitshalber einen sogenannten Paraffintest (Schusshandbestimmung). Ist der Kellner der Mörder, müssen sich Pulverspuren an seinen Händen befinden.

Auf Grund solcher Untersuchungen waren in Österreich in der Vergangenheit immer wieder Täter überführt und verurteilt worden, denn der Paraffintest gilt als sicheres Beweismittel.

Während die kriminaltechnischen Untersuchungen laufen, versucht die Mordgruppe der Grazer Polizeidirektion ein mögliches Motiv für das Verbrechen in Erfahrung zu bringen. Doch so sehr sich die Kriminalisten auch bemühen, es gelingt ihnen nicht, auch nur einen einzigen Anhaltspunkt zu finden. Ein Eifersuchtsdrama scheidet aus, ein Raubüberfall ebenso. Franz Gross war auch in keine kriminellen Machenschaften verwickelt, das steht mit Sicherheit fest.

Der Kripo bleibt nur noch eine Theorie, die Kripochef Josef Großlercher forciert: Beim Killer könnte es sich um einen Geistesgestörten handeln, der aus Mutbeweis mordet. Großlercher schließt auch nicht aus, dass dieser Täter schon einmal getötet hat, nämlich ein Jahr zuvor, am 17. November 1980. Damals war die 72-jährige Josefine Karlin in Oberandritz erstochen aufgefunden worden.

Die Kriminalisten glauben zwischen den Verbrechen Parallelen zu erkennen: In beiden Fällen wurde den Opfern vor einem Lokal aufgelauert. Aber auch diese Überlegung führt zu keinem Erfolg.

Doch dann überschlagen sich die Ereignisse, taucht eine neue Vermutung auf.

Bei der Polizei meldet sich der Vorarlberger Zuhälter Franz Hartmann und behauptet: „Die Kugeln waren für mich bestimmt. Es wurde der falsche Mann getötet." Hartmann ist in eine Unterweltsfehde verwickelt.

Zwischen Franz Gross und Franz Hartmann hatte eine große Ähnlichkeit bestanden, und der Vorarlberger war zur Tatzeit in Graz. Hat der Killer tatsächlich den Falschen getroffen? War der Mord an Franz Gross ein „Pfusch der Unterwelt"?

Die Ermittler zweifeln aber an der Aussage des Vorarlbergers. Sie widmen sich wieder dem Schlafwagenkellner, der in der Kärntnerstraße mit einem Taxi weggefahren war. Dieser wird kurz darauf verhaftet, weil ihn der Schusssachverständige schwer belastet. „Der Mann hat geschossen", behauptet der Experte. Inzwischen liegt nämlich das Ergebnis der Schusshandbestimmung vor. An den Händen und an der Jacke des Kellners befanden sich tatsächlich Pulvereinsprengungen. Manfred M. zeigt anfangs noch Verständnis für die Arbeit und für die Vorgangsweise der Kriminalbeamten. „Ich verstehe Sie, Sie suchen einen Mörder", sagt er beim Verhör einige Male. „Aber ich war es nicht, ich bin unschuldig!" Alle seine Unschuldsbeteuerungen nützen dem Verdächtigen nichts, nach mehrstündigem Polizeiverhör wird er in das Gefangenenhaus des Grazer Straflandesgerichtes eingeliefert. Hinter Manfred M. schließen sich die Gefängnistore.

Eine Woche sitzt der Verdächtige in Untersuchungshaft, dann nimmt der Fall neuerlich eine entscheidende und überraschende Wende …

* * *

Im Zugabteil wird inzwischen die Arbeitskleidung des Kellners sichergestellt und untersucht: Auch auf den Kleidern befinden sich Schmauchspuren. „Wie ist das möglich?", rätseln die Kriminaltechniker. Manfred M. hatte nach dem Mord keinen Zugang zu seiner Arbeitskleidung, weil der Zug unterwegs war. Und als er wieder in Graz eintraf, befand sich M. bereits in Untersuchungshaft.

Die Erklärung für die Pulverspuren an Kleidern und Händen findet sich rasch: Die „Pulvereinsprengungen" an der Kleidung stammen von den Konservendosen, die der Schlafwagenkellner geöffnet hatte! Durch diese neue Erkenntnis wird der Paraffintest, der als „sichere Sache" gegolten hatte, in Frage gestellt. Jetzt weiß man, dass die Schusshandbestimmung doch kein eindeutiger Sachbeweis ist.

Der Mordfall Gross scheint für die Kriminalisten unlösbar. Aber Mordgruppenchef Franz Brandstätter und seine Leute geben nicht auf. Sie erinnern sich nun wieder an die Aussage von Franz Hartmann und beginnen nun ganz gezielt in der Unterwelt zu ermitteln. Je intensiver die Beamten im Sumpf der Vorarlberger Rotlichtszene umrühren, desto größer wird der Verdacht, dass Franz Gross nur deshalb sterben musste, weil er einem Unterweltler zum Verwechseln ähnlich sah.

* * *

Über ein Jahr vergeht, dann gibt es für die Kripo kaum noch Zweifel. Nicht Franz Gross, sondern Franz Hartmann sollte in Graz ermordet werden. Durch die Aussage einer Kärntnerin wird diese Vermutung noch erhärtet. Die Frau aus Klagenfurt ist unbescholten und absolut glaubwürdig, sie sagt aus, am 8. November 1981 – drei Tage vor dem Mord – mit einem Grazer und einem Italiener in der Landeshauptstadt nach Franz Hartmann gesucht zu haben. Worum es genau ging, wusste sie nicht, die beiden Männer hatten sie nicht in ihre Pläne eingeweiht. „Ich vermute, sie wollten nicht auffallen und haben mich deshalb mitgenommen", gibt sie zu Protokoll.
Während der Fahrt, so erinnert sie sich bei der Einvernahme, sei von einer „FM 7,65" die Rede gewesen. Mit einer Waffe solchen Kalibers wurde Gross erschossen. Die Zeugin erzählt, dass sie hinter dem Beifahrersitz eine Pistole gesehen habe.
Später, in Graz, habe einer der beiden Männer die Waffe an sich genommen und sei damit in ein Lokal gegangen, kurze Zeit danach aber wieder zurückgekommen. Verärgert sei er gewesen, weil er Hartmann nicht angetroffen habe.
Die nächste Station war das Tanzlokal Gottinger. Diesmal musste die Klagenfurterin die Pistole in ihrer Handtasche verstecken. Aber auch beim „Gottinger" wurde der Gesuchte nicht ausfindig gemacht. Die beiden Männer und ihre Begleiterin fuhren schließlich wieder nach Klagenfurt zurück.
Am nächsten Tag verließen der Grazer und sein italienischer Freund erneut Klagenfurt, diesmal ohne weibliche Begleitung. Indizien deuten darauf hin, dass sie noch einmal nach Graz fuhren.
In den Polizeiprotokollen sind noch weitere Fakten angeführt, die für einen Auftragsmord sprechen. Zeugenaussagen zufolge soll ein Kon-

kurrent von Franz Hartmann für dessen Beseitigung 600.000 Schilling geboten, weil aber der Falsche erschossen wurde, nur 200.000 Schilling bezahlt haben. Die Geldübergabe fand, laut Akten, in Mailand statt, denn der Killer – er ist namentlich bekannt – lebte dort und gehörte der Mafia an.

* * *

Am Samstag, dem 23. April 1983, berichten Werner Supper und ich in der Kleinen Zeitung über die Hintergründe dieses Kriminalfalles, der wie das Drehbuch für einen Fernsehkrimi anmutet. „Ein Mafia-Killer mordete in Graz" lautet die Schlagzeile, die nicht nur in der Öffentlichkeit für große Aufregung sorgt, sondern offensichtlich auch die Verdächtigen in große Unruhe versetzt.

Die Kleine Zeitung und wir Kriminalreporter werden vom mutmaßlichen Auftraggeber (einem amtsbekannten Nachtclubbetreiber in Vorarlberg) und seinem Grazer Komplizen mehrfach geklagt, der Killer selbst taucht in Italien unter. Kripochef Helmut Reinweber, der Nachfolger von Josef Großlercher, und Staatsanwalt Ernst Sueti werden, wie sie später eingestehen, durch Drohungen unter Druck gesetzt. Die Sache ist ernst.

Am schlimmsten ergeht es aber der „Kronzeugin" aus Klagenfurt. Sie wird eines Tages bereits im Stiegenaufgang zu ihrer Wohnung erwartet, als sie von der Arbeit nach Hause kommt. „Spiel dich ja nicht auf, sonst bekommst du eine Kugel in den Kopf!" Diese Worte des Killers lassen keine Zweifel offen, er ist zu allem entschlossen. Die Männer drängen die Frau in ihre Unterkunft und bedrohen die Zeugin stundenlang mit der Pistole, ehe sie wieder verschwinden.

Die Klagenfurterin lässt sich aber nicht einschüchtern, sucht den Grazer Untersuchungsrichter Kurt Roth auf und gibt neuerlich das zu Protokoll, was sie schon bei der Polizei aussagte.

Trotzdem stellt Staatsanwalt Sueti die Ermittlungen wenig später ein. „Es gibt gewisse Indizien gegen die Verdächtigen", erklärt er meinem Kollegen und mir. „Aber Indizien sind eben keine Beweise." Gegen den Mörder aus Mailand und seine italienischen Komplizen wird lediglich ein Steckbrief erlassen, weil sie die Zeugin bedroht hatten.

Der Mord an Franz Gross aber bleibt ungesühnt.

Die mordende Pflegemutter

Eva Maria P. (1984)

Die Frau mit der Gretlfrisur und dem Steirerdirndl vermittelt einen biederen Eindruck. Sie wirkt im Gespräch ruhig, keineswegs aggressiv. Niemals scheint diese Frau die Beherrschung zu verlieren. Ihr Behindertenprojekt, das sie auf einem Bauernhof in Paldau bei Feldbach seit Jahren betreibt, verteidigt sie aber mit Vehemenz. Die Pflegemutter Eva Maria P. (36) ist fest entschlossen, „böse Gerüchte" zu widerlegen, die besagen, dass auf dem Hof grobe Missstände vorkommen sollen und die Pflegekinder sogar misshandelt werden.

* * *

Als Kriminalberichterstatter der Kleinen Zeitung befasse ich mich im Sommer 1984 intensiv mit dem „Behindertenprojekt P." und gehe den Gerüchten nach. Die Recherchen sind mühsam, denn die einheimische Bevölkerung traut sich nicht, in der Öffentlichkeit zu den angeblichen Missständen Stellung zu nehmen, was verständlich ist, denn der Einfluss der Pflegemutter reicht bis zu den höchsten Stellen. Hohe Persönlichkeiten und einflussreiche Politiker zählen zu den Gönnern dieses sozialen Projektes. Justizminister Christian Broda war bei der Hochzeit von Eva Maria und Karl P. Trauzeuge und ist ein Freund der Familie. Trotz Widerstandes der steirischen Richterschaft hatte der Justizminister Karl P. zum Richter ernannt.

Jetzt ist der 40-jährige, vollbärtige Mann in einem Bezirksgericht tätig. Seine Frau leitet – unterstützt von der 23-jährigen Haushälterin Maria H. – das Behindertenprojekt auf dem Bauernhof. Die beiden Frauen müssen acht behinderte Kinder und Jugendliche versorgen, dazu kommen die beiden eigenen Kinder von Eva Maria und Karl P.

An Arbeit mangelt es den Frauen also nicht, trotzdem scheint auf dem Hof alles in bester Ordnung zu sein, wären da nicht diese „bösen Gerüchte" der Nachbarn. „Aber Gerüchte sind Schall und Rauch, nichts weiter, da besteht wohl kein Handlungsbedarf", mögen sich die zuständigen Behörden gedacht haben, denn sie treten dem Geschehen auf dem Hof mit größter Zurückhaltung entgegen. Wann immer die Sozialarbeiterinnen der Bezirkshauptmannschaft beabsichtigen, die Lage an Ort und Stelle zu erkunden – sie müssen sich vorher bei der Pflegemutter anmelden. Das ist eine dienstliche Anweisung des Sozialamtsleiters Mag. Theodor Kern, der, wie Bezirkshauptmann Dr. Erwin Cociancig selbst, schon Gast auf dem Hof war. Am 28. Februar 1984, zwölf Tage nach dem spurlosen Verschwinden des 21-jährigen „Pflegekindes" Elisabeth Michalsky, wird Eva Maria P. für ihre Arbeit mit den behinderten Kindern vom Wiener Bürgermeister Leopold Gratz ausgezeichnet und geehrt. Sie erhält aus dem Topf der „Leopold-Gratz-Stiftung" 10.000 Schilling ausbezahlt, und aus dem In- und Ausland treffen Spendengelder in Paldau ein. Sie fließen auf ein eigenes Konto, was mit den Geldern tatsächlich geschehen ist, kann nie geklärt werden.

Alle diese Umstände behindern auch die Gendarmerie, wenn es darum geht, angebliche Missstände zu überprüfen. Bezirksinspektor Anton Schuh und Revierinspektor Herbert Seidl gehen aber davon aus, dass die Gerüchte, die rund um das Behindertenprojekt kursieren, ein Körnchen Wahrheit an sich haben könnten – sie holen daher Informationen ein und schreiben fleißig Aktenvermerke.

Richtig ermitteln können sie erst später, als ihnen der Grazer Staatsanwalt Dr. Wolfgang Wladkowski Rückendeckung gibt. Das geschieht ab Sommer 1984, als ein adoptierter Pflegesohn der Familie mit einem Gewehr bewaffnet das Postamt in Paldau überfällt, 50.000 Schilling erbeutet und kurz danach beim Geldzählen im Maisacker festgenommen wird.

Nach diesem Überfall brodelt die Gerüchteküche mehr als je zuvor. Jetzt spricht plötzlich auch der Bezirkshauptmann öffentlich von möglichen Missständen auf diesem „Hof".

* * *

Mich interessieren natürlich die Hintergründe des Raubüberfalles, vor allem das Motiv. Hat das Verbrechen mit den Zuständen auf dem Bauernhof zu tun? Noch gibt es dafür keine konkreten Anhaltspunkte, denn der geistig behinderte Bursch liegt im Grazer Landessonderkrankenhaus und kann von den Kriminalbeamten noch nicht einvernommen werden. So bin ich fest entschlossen, zuerst einmal den „Fall Michalsky" zu recherchieren, und begebe mich zum Gendarmerieposten Feldbach.

„Ich sage Ihnen, daran ist etwas faul", ist der Gendarmeriebeamte überzeugt und knallt einen dicken Ordner auf den Tisch seiner Kanzlei. „Die Kriminalabteilung in Linz hat in dieser Sache ermittelt, der Fall ist abgeschlossen. Uns sind die Hände gebunden, kümmern Sie sich darum, als Journalist tun Sie sich dabei leichter."

Auf dem Akt der Linzer Gendarmerie-Kriminalabteilung steht das Wort „Selbstmord". Die Leiche von Elisabeth Michalsky war schon stark verwest, als sie im April 1984 in einem Wald bei Reichraming in Oberösterreich aufgefunden wurde. Tod durch Aufschneiden der Pulsadern, stellte damals der Gerichtsmediziner fest.

Der nächste Weg führt mich zum P.-Hof, der einige Kilometer von Paldau entfernt abgeschieden auf einer kleinen Anhöhe liegt. Dort herrscht an diesem heißen Sommertag reges Treiben. Die geistig behinderten Kinder sind gerade damit beschäftigt, geschlachtete Lämmer „auszunehmen" und reißen mit ihren Händen an den blutigen Innereien der toten Tiere. Frau P. steht daneben und gibt Anweisungen. „Eine eigenartige Therapie für Behinderte", denke ich mir und gehe auf die Pflegemutter zu.

Auf diesem Bauernhof in Paldau spielten sich grauenvolle Szenen ab

Ich konfrontiere sie mit den Gerüchten und mit dem Tod von Elisabeth Michalsky. „Mir scheint, da war ein Mädchen", sagt sie. „Die ist angeblich erstochen worden, das haben mir meine Kinder gesagt." Dass Elisabeth bei ihr in Pflege war, verschweigt sie, und Missstände gebe es keine, behauptet sie.

„Überfall löste Debatte aus", lautet der Titel meines Berichtes in der Kleinen Zeitung am 20. Juli 1984. Im Text geht es um das Projekt, um den Postüberfall, um die angeblichen Missstände – und um den Selbstmord des 21-jährigen Mädchens.

Der Zeitungsbericht trifft Eva Maria P. tief. Bereits am nächsten Tag taucht sie ohne Voranmeldung in der Redaktion der Kleinen Zeitung auf – im Dirndlkleid und mit Gretlfrisur, die biedere Frau vom Lande. Beschweren will sie sich darüber nicht, aber sie möchte die Gerüchte aus der Welt schaffen, sagt sie. Zwei Stunden dauert die Aussprache, die Pflegemutter argumentiert und verteidigt ihre Arbeit ganz energisch.

„Das sind doch nur die bösen Nachbarn, die so etwas behaupten", beteuert Eva Maria P. „Sie wollen keine behinderten Kinder und Jugendliche in ihrer Nähe haben." Das Gespräch endet schließlich mit einer überraschenden Aussage der Frau, die später für die weitere Vorgangsweise des Staatsanwaltes relevant sein wird.

„Herr Breitegger, kümmern Sie sich um den Fall Michalsky", sagt sie zu mir gewandt, selbstsicher und zynisch. „Die Elisabeth ist umgebracht worden." Chefredakteur Fritz Csoklich reagiert darauf energisch. „Frau P., jetzt reicht es. Hier steht schwarz auf weiß, dass es sich um einen Selbstmord handelt. Sie wollen doch nicht behaupten, dass Herr Breitegger schlampig recherchiert hat?" Die Pflegemutter schlägt mit der Faust auf den Schreibtisch und bleibt dabei: „Und ich sage Ihnen, das war Mord!"

* * *

Staatsanwalt Dr. Wolfgang Wladkowski hält es für wahrscheinlich, dass P. mit dieser Aussage von den angeblichen Missständen ablenken will. Deshalb sei es sinnvoller, zuerst die Ermittlungen im Zusammenhang mit dem Postamtsüberfall und den Ereignissen auf dem Bauernhof in Paldau abzuschließen, glaubt er. „Den Selbstmord heben wir uns für später auf, den können wir immer noch aufrollen." Die Taktik erweist sich als richtig, denn wie sich herausstellt, rech-

net die Pflegemutter ganz und gar nicht mit einem Wiederaufnahmeverfahren. Mit ihrer Behauptung wollte sie tatsächlich nur von den
anderen Vorwürfen ablenken.

* * *

Im Laufe der Ermittlungen, die sich über Monate hinziehen, erhärten
sich die Verdachtsmomente gegen die Pflegemutter. Der 15-jährige
Adoptivsohn, der das Postamt überfallen hat, gibt zu Protokoll, er
habe mit seiner Pflegemutter ein sexuelles Verhältnis gehabt. Als sie
die Beziehung satt hatte, als er für sie nicht mehr interessant genug
gewesen sei, habe sie ihm die ganze Liebe entzogen. Das hat der geistig behinderte Bursche nicht mehr ausgehalten, und daher hatte er
den Entschluss gefasst, auszureißen. Das nötige Geld wollte er sich
durch den Überfall beschaffen.

Aber noch ein zweites Kind, ein Mädchen, hält es bei P. nicht mehr
länger aus. Anfang November 1984 reißt auch sie aus, wird aber kurz
danach in Niederösterreich von einer Gendarmeriestreife aufgegrif-
fen. Dieser Vorfall bringt die ermittelnden Beamten einen entscheidenden Schritt weiter, denn auch das Mädchen belastet Eva Maria P.
schwer. Untersuchungsrichter Dr. Kurt Roth erlässt schließlich
einen Haftbefehl. Am 6. November 1984 schließen sich hinter Eva
Maria P., der „mustergültigen Pflegemutter", die Gefängnistore des
Grazer Straflandesgerichtes. Richter Karl P. und die Haushälterin
Maria H. reagieren darauf aggressiv und sind empört. „Die Vorwürfe
sind aus der Luft gegriffen, der Staatsanwalt will meine Frau vernich-
ten", protestiert der Ehemann gegen die Verhaftung.

Davon unbeeindruckt beauftragt nun der Staatsanwalt auf Grund von
P.s Mordbehauptung in der Kleinen Zeitung die Kriminalabteilung
des Landesgendarmeriekommandos mit Ermittlungen.

* * *

Der stellvertretende Mordgruppenchef Adolf Steger und sein Kollege
Othmar Donik benötigen für ihre Erhebungen nur knappe zwei
Wochen, dann sind sie sicher: Es war kein Selbstmord! Die Beamten
bringen in Erfahrung, dass die junge widerspenstige Frau der domi-
nanten und herrschsüchtigen Pflegemutter viel Widerstand entgegen-
gesetzt hatte. Die Rache der Pflegemutter war grausam: Sie hatte
Michalsky geschlagen und bei eisigen Temperaturen in einem freiste-
henden Luftschutzbunker tagelang eingesperrt, nur Wasser und Brot

hatte sie ihrer Gefangenen als Mahlzeit verabreicht. In diesem Bunker aber hatte sich Elisabeth, so die Ermittler, eine schwere Lungenentzündung zugezogen.

Steger vermutet, dass Michalsky daran starb und von der Pflegemutter deshalb weggebracht wurde, um einen Selbstmord vorzutäuschen, sonst wäre das gesamte Projekt gefährdet gewesen.

Genaue Details erhoffen sich die Beamten durch die Einvernahme der Haushälterin. Das Verhör endet mit einer Überrraschung für alle: Maria H. gesteht: „Frau P. hat Elisabeth getötet, und ich habe ihr dabei geholfen."

* * *

Rückblende auf den 16. Februar 1984, frühmorgens auf dem Bauernhof: Eva Maria P. und Maria H. schleppen Elisabeth Michalsky zu dem VW-Bus. Das Mädchen trägt nur leichte Sommerkleider und Halbschuhe, die um einige Nummern zu groß sind. Sie wird auf die Rückbank gelegt und in Decken gewickelt. Elisabeth bewegt sich nicht, atmet kaum, röchelt nur noch. Die beiden Frauen haben ihr Valium gespritzt und reichlich Alkohol eingeflößt.

Die Fahrt führt nach Wien, dort soll das schwerkranke Opfer in

Eva Maria P. zeigt, wie sie Elisabeth Michalsky die Pulsadern aufschnitt

einem Park ausgesetzt werden. Die Polizei soll glauben, dass Michalsky von zu Hause weggelaufen ist und sich unterwegs die schwere Lungenentzündung zugezogen hat. Aber der Plan geht nicht auf, denn in Wien angekommen, wacht das benommene Opfer auf und erkennt P. Das wehrlose Mädchen starrt ihre Pflegemutter an und stammelt vor sich hin: „Mama." Das ist ihr endgültiges Todesurteil.

Die Pflegemutter und ihre Komplizin wollen nicht riskieren, dass Michalsky überlebt, wenn sie diese im Park aussetzen. Daher besorgen sie Rasierklingen und transportieren ihr Opfer nach Reichraming, in den „Wilden Graben", der seinem Namen voll gerecht wird. Dort werfen sie die Todeskandidatin über die Böschung der Forststraße. Während H. sie an den Händen festhält, schneidet ihr P. die Pulsadern auf, dann schaufeln sie Schnee über die Sterbende.

* * *

Nach diesem Mordgeständnis der Haushälterin erleichtert auch der Gatte der Pflegemutter sein Gewissen. Nicht nur vom Mord, sondern auch von den Misshandlungen habe er seit September gewusst. Die Kinder wurden geschlagen, eingesperrt, mussten Erbrochenes schlucken, wurden in die Jauchengrube gehängt, mit kaltem Wasser übergossen. P., der als Richter oftmals Recht gesprochen hat, schaute zu, ohne zu helfen. Es wird auch bekannt, dass er, seine Frau und die Haushälterin in einer Dreiecksbeziehung gelebt haben.

Nun hilft kein Einfluss mehr, jetzt distanzieren sich sogar jene Persönlichkeiten, die selbst nach der Verhaftung von Eva Maria P. am 5. November noch an das Projekt und an ihre Unschuld geglaubt haben. Der Richter wird suspendiert und angeklagt.

* * *

Unmittelbar vor der Tatrekonstruktion im „Wilden Graben" am 5. De-

Lokalaugenschein im Wilden Graben

zember 1984 kommt es zu einem dramatischen Augenblick. Dutzende Journalisten und Schaulustige warten vor dem Gendarmerieposten auf die Gerichtskommission und die beiden Beschuldigten. Auch eine mit einem Schal vermummte Frau befindet sich in der Menge. Sie ist die Mutter der Ermordeten, jene Frau, die ihre Tochter schon sehr früh in ein Heim abgeschoben und sich nie mehr um sie gekümmert hat. Nun aber ist sie da, als P. zum Auto geführt wird, will sie mit ihr abrechnen. „Das bin ich meiner Tochter schuldig", sagt sie, offensichtlich von schlechtem Gewissen geplagt. Bevor sie aber die Beschuldigte attackieren kann, sind die Gendarmen zur Stelle und führen die Frau ab.

Als Eva Maria P. wenig später am Tatort eintrifft, ist ihr Gesicht blass, ihr Blick starr. Sie beginnt zu weinen. Aber schon nach Sekunden hat sie sich gefangen und schildert gemeinsam mit ihrer Komplizin die Tat in allen Einzelheiten. Es ist der letzte öffentliche Auftritt der Pflegemutter ...

* * *

H. ist P. hörig und hatte schon immer alles getan, was ihr von ihrer Herrin aufgetragen worden war. Das nützt die ehemalige Pflegemutter auch im Gefängnis noch aus und schmuggelt mehrere Kassiber in die Zelle ihrer Komplizin, worin sie sie auffordert, alle Schuld für den Mord auf sich zu nehmen. H. tut, was ihr befohlen, und behauptet wirklich, sie allein habe Michalsky getötet. Doch Richter und Staatsanwalt sind misstrauisch, schenken ihrer Aussage keinen Glauben und veranlassen eine Durchsuchung der Zelle. Dabei bestätigt sich der Verdacht durch die Kassiber, die schnell entdeckt werden. Damit ist Eva Maria P. am Ende, sie erhängt sich am 27. März 1985 während der Untersuchungshaft mit einer Strumpfhose.

* * *

Über die Persönlichkeit und das Vorleben der Pflegemutter erfährt die Öffentlichkeit im Prozess gegen Maria H. Demnach war ihr Verhältnis zum Elternhaus gestört, möglicherweise hatte diese Störung, so das psychiatrische Gutachten, dazu geführt, dass sie der Umwelt und insbesondere ihren Eltern beweisen wollte, dass eine Erziehung behinderter Kinder auch außerhalb von Anstalten möglich sei. 1979 kaufte das Ehepaar P. mit Unterstützung der Stadt Wien den Bauernhof in Paldau und nahm dort behinderte Kinder in seine Obhut. Aber

Eva Maria P. schildert vor der Gerichtskommission die schreckliche Tat

als Karl P. zum Richter ernannt wurde, überließ er seiner Frau die gesamte Führung. Maria H. kam im Winter 1980 durch Vermittlung einer Freundin auf den Hof und wurde Stellvertreterin der Pflegemutter.

* * *

Maria H. wird von einem Grazer Geschworenengericht wegen Beihilfe zum Mord zu 18 Jahren Haft verurteilt, Karl P. erhält wegen Mitwisserschaft und Mittäterschaft an den Misshandlungen drei Jahre Gefängnis. Das Oberlandesgericht setzt die Strafe für die Mordkomplizin auf 15 Jahre herab und hebt sie bei Karl P. auf fünf Jahre an. Landeshauptmann Dr. Josef Krainer ordnet in der Bezirkshauptmannschaft Feldbach eine Untersuchung an, wenig später wird der Sozialamtsleiter in Pension geschickt.
Damit ist der „Fall P." auch politisch abgeschlossen.

Handschrift eines Serienmörders

Jack Unterweger (1974, 1990, 1991)

Brunhilde Masser ist eine robuste Frau, 80 Kilo schwer, 176 Zentimeter groß, ihre Kolleginnen vom Grazer Straßenstrich kennen sie als forsch und ruppig. Brunhilde hat ihren Standplatz in der Griesgasse, dort steigt sie in die Autos ihrer Kunden, doch viele Freier hat sie ohnehin nicht mehr, die 39-jährige Prostituierte sieht viel älter aus als sie ist. Die anstrengenden Jahre auf dem Straßenstrich haben sie gezeichnet.

Auch am 26. Oktober 1990 wartet sie auf einen Kunden. Es ist

Jack Unterweger

15 Minuten nach Mitternacht, eigentlich schon viel zu spät für den Straßenstrich, die meisten ihrer Kolleginnen sind auch bereits nach Hause gegangen. Aber Brunhilde Masser will am Vormittag des Nationalfeiertages mit ihren Kindern einen Ausflug unternehmen – und dafür braucht sie Geld. Daher wartet sie noch zu.

„Was? Du bist auch noch hier – um diese Zeit?" wundert sich eine Taxifahrerin, die Masser kennt, weil sie immer neben dem Taxistandplatz steht. „Ja, ich warte, vielleicht verdiene ich heute Nacht noch ein paar Schilling", antwortet die Prostituierte, die selbst nicht mehr viel Hoffnung auf einen Kunden hat. Danach wird Masser nicht mehr gesehen. Sie muss unmittelbar nach dem Gespräch in das Auto ihres Mörders gestiegen sein. Die Grazer Kriminalpolizei gibt zwar Mordalarm, aber ohne Leiche kein Mord, lautet ein alter kriminalistischer Grundsatz.

Wochen und Monate vergehen, von Elfriede Masser fehlt noch jede Spur, doch dann, am 5. Jänner 1991, wird die Leiche in einem Wald-

160

stück nahe von Gratkorn entdeckt. Die Tote liegt in Bauchlage in einem Bachbett, teilweise mit Zweigen bedeckt, ihr Schmuck ist vorhanden, aber die Bekleidung, die Handtasche, der Reisepass, Schlüsselbund und Schlüsselanhänger sind verschwunden. Als Todesursache wird Erdrosselung angenommen, hundertprozentig aber kann sich der Gerichtsmediziner nicht festlegen, denn die Leiche ist bereits stark verwest.

Da bekommt die Mordgruppe Brandstätter einen vertraulichen Hinweis. Ein bekannter und einflussreicher Grazer Geschäftsmann mit Neigung zu sexueller Abartigkeit sei ein Stammkunde von Brunhilde Masser gewesen, berichtet der Informant. Dieser Mann gilt nun als Hauptverdächtiger, wenngleich keinerlei Beweise für seine Täterschaft vorliegen.

Die Ermittlungen laufen auf vollen Touren, da verschwindet am 7. März 1991 gegen 22.30 Uhr auch die Straßenprostituierte Elfriede Schrempf. Hat der Mörder ein neuerliches Opfer gefunden?

In diesem Fall suchen die Kriminalisten nach einem weißen VW Golf mit orangen Seitenstreifen, der wie ein Polizei- oder Gendarmerieauto aussieht. Dieses Auto ist zur fraglichen Zeit in der Volksgartenstraße einem anderen Autofahrer aufgefallen, weil der Wagen mit quietschenden Reifen davongerast war. Die Ermittlungen im „Fall Schrempf" werden ebenfalls von der Gruppe Brandstätter geführt, im „Mordfall Masser" wird die Grazer Polizei aber auch von der Mordgruppe Steger der Gendarmerie-Kriminalabteilung unterstützt, weil die Leiche im Gendarmeriegebiet aufgefunden worden ist.

Die Kriminalisten tappen im Dunkeln, vom Mörder der Prostituierten fehlt jede Spur, und auch über den Verbleib von Elfriede Schrempf gibt es keine Anhaltspunkte.

Zwischen dem 8. April und 7. Mai 1991 verschwinden dann auch noch vier Prostituierte vom Wiener Straßenstrich, aber es werden zwischen den beiden Fällen in Graz und den vermissten Wienerinnen keine Zusammenhänge hergestellt: Wochenlang gibt es keine Spur von den verschwundenen Frauen.

Die erste Wiener Leiche – es handelt sich dabei um Sabine Moitzi – wird am 20. Mai gegen 13.45 Uhr im Schottenwald in Bauchlage aufgefunden. Drei Tage später findet eine Spaziergängerin in einem Wald in Gablitz die 25-jährige Karin Eroglu, auch diese Tote liegt auf dem

Bauch. Dann wird die Leiche von Silvia Zagler am 4. Juli 1991 gegen sieben Uhr früh im Gemeindegebiet von Wolfsgraben entdeckt. Die Grazerin Elfriede Schrempf und die Wiener Prostituierte Regina Prem aber bleiben nach wie vor verschollen.

* * *

Bei meinen Recherchen für einen Bericht in der Kleinen Zeitung erfahre ich von auffallenden Parallelen: Die vier toten Frauen lagen auf dem Bauch, bei allen fehlten Kleidungsstücke und andere Utensilien wie etwa Schlüssel und Geldbörse, alle Prostituierten – auch Schrempf und Prem – waren vom Straßenstrich weg verschwunden. Und noch etwas scheint mir auffällig: Der Schmuck war bei jenen Frauen, die einen getragen hatten, noch vorhanden.

Ist seit Max Gufler Ende der Fünfzigerjahre in Österreich wieder ein reisender Serienmörder unterwegs? Auf diese Möglichkeit weise ich in meinem Bericht über die Prostituiertenmorde hin. Die zuständigen Kriminalbeamten der Wiener und der Grazer Polizei scheinen aber anderer Ansicht zu sein. Aufgescheucht durch meinen Artikel in der Kleinen Zeitung, reisen die Ermittler des Sicherheitsbüros zwar in die Steiermark, kommen aber zu der Erkenntnis, dass die Verbrechen wahrscheinlich nichts miteinander zu tun haben. Die Wiener Kriminalisten verschweigen den Grazer Kollegen auch, dass sie bereits den wegen Mordes verurteilten und nach 15 Jahren Haft bedingt entlassenen Jack Unterweger zu den Wiener Fällen überprüft haben.

* * *

Wer ist dieser Jack Unterweger? Der 1950 in Judenburg geborene Sohn einer Bardame und eines US-Besatzungssoldaten italienischer Herkunft wurde 1976 vom Landesgericht Salzburg wegen eines Frauenmordes, den er im Dezember 1974 in Deutschland verübt hatte, zu einer lebenslangen Freiheitsstrafe verurteilt. Im Gefängnis begann er zu schreiben und veröffentlichte Bücher über seine triste Kindheit. Eines seiner Werke nannte er „Fegefeuer", und unter diesem Titel wurde es auch vom Judendorfer Regisseur Wilhelm Hengstler verfilmt.

Dieser Jack Unterweger soll am 1. April 1973 auch in Salzburg gewesen sein, als dort Mariza Horvath mit einer Krawatte erdrosselt wurde. Allerdings stellte sich das erst zehn Jahre später heraus, als Unterweger in Stein im Gefängnis saß. Einige Indizien sprachen damals dafür, dass Jack Unterweger mit diesem Mord etwas zu tun haben könnte, aber der Häftling, der vom Salzburger Kriminalisten August Schenner in seiner Zelle befragt wurde, leugnete, und dieser musste unverrichteter Dinge wieder die Heimreise antreten.

Der ungeklärte Frauenmord ließ dem inzwischen pensionierten Kriminalbeamten keine Ruhe. Als er aus den Zeitungen von den Wiener Prostituiertenmorden erfuhr, griff er zum Telefon und teilte seine Vermutungen den Beamten im Sicherheitsbüro mit: „Schaut's euch den Unterweger an, das ist seine Handschrift!"

* * *

Das Sicherheitsbüro informiert aber darüber die Grazer Polizei nicht, kein Wort wird bei dem Treffen in der steirischen Landeshauptstadt über diesen Hinweis gesprochen.

Wochen und Monate vergehen, die Ermittlungen führen weder in Wien noch in Graz zu einem Erfolg. Dann, am 5. Oktober 1991, wird in einem Waldstück westlich der A 9 bei Wildon die skelettierte Leiche von Elfriede Schrempf aufgefunden. Mögliche Verletzungen und die Todesursache können nicht mehr festgestellt werden, aber wieder gibt es eine verblüffende Ähnlichkeit mit den Morden in Wien und dem Verbrechen an Brunhilde Masser. Auch Schrempfs Kleidung hat der Täter mitgenommen, nur ihre weinroten Socken befinden sich noch an den Fußknochen. Eine schwarze Lederumhängetasche mit Schlüsselbund, Reisepass, Prostituiertenausweis und ein fliederfarbiger Steckkamm fehlen ebenfalls.

Für mich als Kriminalreporter sind zwischen den Morden in der Steiermark und in Wien zweifellos deutliche Zusammenhänge erkennbar, deshalb recherchiere ich auch in diese Richtung weiter. Einige Tage nach dem Auffinden der Leiche von Elfriede Schrempf erfahre ich von einem Informanten aus Wien: „Da gibt es einen Hinweis aus Salzburg. Ein pensionierter Kollege verdächtigt einen gewissen Jack Unterweger."

Die nächsten Tage verbringe ich in unserem Zeitungs- und im Landesarchiv, suche mir alle Artikel zusammen, die über den Mord an Mariza Horvath in Salzburg und über den Mord an Margret Schäfer in Deutschland veröffentlicht worden sind. Auch zwischen diesen beiden Verbrechen und den Prostituiertenmorden sind für mich sofort verblüffende Ähnlichkeiten vorhanden. Ich befasse mich mit

Jack Unterweger und seiner Vergangenheit, und so entschließe ich mich dann, die Gendarmerie-Kriminalabteilung des Landesgendarmeriekommandos zu informieren. „Habt ihr Jack Unterweger schon überprüft?" frage ich den stellvertretenden Kommandanten der Kriminalabteilung, Alois Eberhard, am Telefon. „Nein, wer ist Unterweger?" fragte er mich. Ich berichte ihm in kurzen Sätzen, was ich weiß. „Der Hinweis klingt interessant", sagt er und versichert mir: „Wir werden uns darum kümmern." Einige Tage später treffe ich mit Mordgruppenchef Adolf Steger, dessen Stellvertreter Helmut Golds und Anton Kiesel zusammen und gehe mit ihnen meine Unterlagen durch. „Du hast Recht, die Sache ist verdammt heiß", bemerkt Golds, als er die ersten Seiten meiner Informationen liest. „Da müssen wir etwas unternehmen."

Über Anweisung von Karl Klug, dem obersten Chef der Kriminalabteilung, überprüfen Steger und seine Mannen Unterweger nicht selbst, sondern geben die Informationen an das Sicherheitsbüro weiter, denn Jack Unterweger wohnt in Wien. Und diese Überprüfung – um es gleich vorwegzunehmen – fällt negativ aus. „Da habe ich mich gewaltig geirrt", denke ich, als ich vom Überprüfungsergebnis in Wien erfahre.

Aber Kriminalist Golds ist überzeugt: „Da sind Parallelen vorhanden", betont er jedesmal, wenn wir über die Angelegenheit sprechen. Er lässt nicht locker – und am 11. Jänner 1991 um 20 Uhr läutet bei mir zu Hause das Telefon. „Servus, Hans, wir brauchen dich, besorg mir bitte ein Foto von Jack Unterweger", ersucht mich der Mordgruppenchef der Grazer Polizei, Franz Brandstätter. „Die wenigen Fotos, die ich von Jack Unterweger habe, sind 20 Jahre alt, ein neues Bild habe ich nicht", antworte ich. „Aber wir brauchen ein Bild, wir starten heute Nacht eine gezielte Schwerpunktaktion, vielleicht können wir feststellen, ob sich Unterweger im Grazer Rotlichtmilieu herumgetrieben hat."

Ich fahre ins Büro, alarmiere meinen Kollegen Werner Krause von der Kulturredaktion. „Habt ihr vielleicht den Unterweger bei Lesungen fotografiert, ich brauche für die Kripo ein Foto." – „Tut mir leid, wir haben auch keines", stellt er fest. „Jetzt bleibt nur noch Kärnten", überlege ich und rufe den Kollegen in der Klagenfurter Redaktion an. „Ja, ich glaube, auf der Kulturseite sind kürzlich ein Bericht und ein

164

Foto von Unterweger erschienen, ich verständige gleich den Kultur-
chef zu Hause." Dieser fährt wirklich sofort ins Büro und faxt mir den
Zeitungsbericht mit dem Foto, das wenige Wochen zuvor bei einer
Lesung in Villach gemacht worden ist.

Gegen 22.30 Uhr liegen die Kopien mit diesem Bild auf dem Tisch der
Kriminalisten von Polizei und Gendarmerie – und nur zwei Stunden
später finden sich tatsächlich zwei Prostituierte, die bezeugen können: „Ja, Unterweger war in Graz." Eine Straßendame erinnert sich
sogar noch ganz genau an ihn, weil sie von ihm im Wagen mit Handschellen gefesselt worden ist. Aber als sie Angst bekommen und ge-
schrien hatte, ließ er sie los.

Jetzt laufen auch die Ermittlungen in Wien voll an. Das Wiener
Sicherheitsbüro, die Kriminalabteilung Niederösterreich, die Kriminalabteilung Steiermark und die Grazer Kriminalpolizei sind rund
um die Uhr mit Arbeit eingedeckt. Jeder Kleinigkeit wird nun endlich
nachgegangen, jeder auch noch so kleine Hinweis penibel genau überprüft.

Auch ich recherchiere weiter und will persönlich mit Jack Unter-

Jack Unterweger im Gespräch mit Bernd Melichar und Hans Breitegger

weger reden, nicht wegen der Prostituiertenmorde, über die er in Wiener Radiosendungen selbst berichtet hatte, sondern über sein neues Buch, das er schreiben möchte. Ich will ihm gegenübersitzen, ihn kennenlernen und mir ein Bild von ihm machen. Mein Kollege Bernd Melichar kennt den Literaten von früher, und er erklärt sich bereit, mit Unterweger einen Termin zu vereinbaren.

Zwei Tage später fährt Unterweger nach Graz, wird von der Polizei vier Stunden lang ergebnislos verhört, danach kommt er ins „Türkenloch", wo eine seiner Freundinnen mit Bernd Melichar und mir bereits auf ihn wartet. Wir unterhalten uns über verschiedene Themen, fragen ihn, wie es ihm nach der Haftentlassung geht. Unterweger kommt von sich aus auf die Grazer Morde zu sprechen, erzählt uns vom Polizeiverhör, schimpft über die Kriminalisten und berichtet uns, dass er im Sommer 1991 in Los Angeles war. Er redet auch über den ungeklärten Mord in Salzburg und meint über August Schenner: „Der steigt nicht davon herunter, dass er Recht hat, aber nichts beweisen kann. Aber ich weiß ja, dass ich nichts getan habe." Wir sind die letzten Journalisten, die mit dem Verdächtigen vor seiner Flucht noch sprechen.

In den darauffolgenden Tagen versuche ich dahinterzukommen, ob Unterweger in der Steiermark bei Lesungen und Buchpräsentationen aufgetreten war. Es geht um den 26. Oktober 1990 und um den 7. März 1991. Meine Kollegen von den Bezirksredaktionen sind mir dabei behilflich, und Lydia Lasutschenko aus dem Voitsberger Büro berichtet mir kurz darauf: „Unterweger war am Abend des 7. März in Köflach. Die Lesung fand aber nicht statt, es waren zuwenig Leute erschienen." Am späten Abend dieses Märztages war Elfriede Schrempf in der Volksgartenstraße in Graz verschwunden.

Auch in Vorarlberg gibt es einen ungeklärten Prostituiertenmord – und ich hole auch darüber Informationen ein. Mein Kollege von der Neuen Vorarlberger Tageszeitung teilt mir schließlich mit, dass sich Jack Unterweger am 5. Dezember 1990, an dem Tag, an dem Heide Hammerer ermordet worden ist, im „Ländle" aufgehalten hat. Als ich die steirischen Kriminalisten darüber informiere, eilen sie zu Untersuchungsrichter Buchgraber, und dieser stellt einen Haftbefehl aus.

Ich warte mit der Veröffentlichung meiner Berichte in der Kleinen Zeitung so lange zu, bis die steirischen Kriminalbeamten in Wien sind. Ich weiß, dass Unterweger bereits vom Sicherheitsbüro observiert wird, aber er soll durch eine voreilige Berichterstattung nicht scheu gemacht werden. Aber er schöpft auch ohne mein Zutun Verdacht.

Am 14. Februar 1992 gegen 14 Uhr soll der Verdächtige verhaftet werden, aber obwohl ihn eine Zivilstreife beschattet, kann er ohne Schwierigkeiten auf die Westautobahn auffahren und in Richtung Schweiz entkommen. Erst am 27. Februar wird der Österreicher von der Polizei in Miami, USA, verhaftet und am 28. Mai 1992 nach Graz überstellt.

* * *

Während der Auslieferungshaft in Amerika stellt sich heraus, dass Jack Unterweger im Sommer 1991 in Los Angeles eine Polizeistreife durch das Rotlichtmilieu begleitet hatte, um Informationen und Eindrücke für einen Zeitungsartikel zu sammeln. In genau diesem Zeitraum waren aber drei Prostituierte ermordet worden. Die Los Angeles Police glaubt, auffallende Parallelen zu den Mordfällen in Österreich zu erkennen, daher reisen Mitglieder der Gerichts- und Sonderkommission nach Amerika, um an Ort und Stelle Ermittlungen durchzuführen.

Jetzt werden auch Leichenteile der letzten Abgängigen, nämlich von Regina Prem, auf der sogenannten Rohrerwiese in Wien 19 aufgefunden, der Kopf bleibt aber verschwunden. Und die tschechische Polizei teilt der Sonderkommission „Unterweger" mit, dass am 15. September 1990 die Prostituierte Blanka Bockova in Prag getötet worden war – und Unterweger war zum fraglichen Zeitpunkt dort gewesen. Nur vier Monate zuvor, am 23. Mai 1990, war er aus der lebenslangen Haft bedingt entlassen worden.

* * *

Am 15. März 1993 schließt die Sonderkommission ihre Arbeit mit einem 142 Seiten umfassenden Bericht ab. Darin wird unter anderem festgehalten: „Um das geforderte Maß der Objektivität im vorliegenden Fall Jack Unterweger zu wahren, wurden von verschiedenen Institutionen Gutachten aus unterschiedlichsten naturwissenschaftlichen und kriminologischen Teildisziplinen angefordert ..." Weiters: „Um den Umstand einer möglichen Serientäterschaft so objektiv wie möglich abzugrenzen, wurden sowohl in Österreich, Tschechien als auch in den USA die ihm angelasteten Fälle mit anderen Fällen verglichen. In allen Ländern konnten keine Anhaltspunkte dafür gefunden werden, dass andere Straftaten mit der vorliegenden Serie in Verbindung gebracht werden können ..."

„Jack Unterweger weist von seiner frühkindlichen Entwicklung, über seine Persönlichkeitsstruktur, bis zu seinem Verhalten in Belastungssituationen zahlreiche Parallelen zu jenen Personen auf, welche als Serienmörder angeklagt, rechtskräftig verurteilt und auch Jahre nach der Verurteilung geständig waren. Befriedigung durch Machtausübung, Kontrolle und Manipulation scheint das Motiv in vielen seiner Handlungen zu sein – bis hin zu Mord", wird im Soko-Bericht weiter ausgeholt.

Untersuchungsrichter Dr. Wolfgang Wladkowski beschreitet nun in diesem Fall einen ganz neuen, in Österreich damals noch völlig unbekannten Weg: Er veranlasst eine sogenannte DNA-Analyse, also eine Untersuchung des genetischen Fingerabdruckes. Der Schweizer Gerichtsmediziner Dozent Richard Dirnhofer wird damit beauftragt, und die Stadtpolizei Zürich untersucht die Fasern, die bei Heide Hammerer, dem Vorarlberger Mordopfer, gefunden worden waren. Und wieder spielt die Politik in diesen Fall hinein. Weil er ausländische Gutachter heranzieht, kommt es sogar zu einer parlamentarischen Anfrage der „Grünen", und der Richter muss sich rechtfertigen.

* * *

Am 20. April 1994 beginnt im Schwurgerichtssaal des Grazer Straflandesgerichtes der Prozess gegen Jack Unterweger – der Andrang ist so groß, dass schon um acht Uhr früh eine Tafel an der Eingangstür hängt: „Heute keine Karten mehr." Der erste Prozesstag wird zur großen Show, das Gericht zu einem Medienrummelplatz.

In den folgenden Tagen und Wochen kommen Zeugen und Gutachter zu Wort, auch Experten aus Amerika sind zur Verhandlung nach Graz gereist. Der FBI-Psychologe und Verbrechensanalytiker Gregg O. McGrary hat auch die elf Morde im „Fall Jack Unterweger" untersucht. Er fädelt die einzelnen Morde dieser Serie auf: „Bei dieser Serie hat der Täter elf Prostituierte von der Straße ausgesucht. Er hat mit einem Kleidungsstück seine Opfer erdrosselt. Bei dieser Serie hat der Täter seine Opfer einfach liegengelassen und nur oberflächlich

Ein Lächeln für die Presse: Jack Unterweger bei der Überstellung von Miami nach Wien

bedeckt. Diese Verhaltensweisen wiederholen sich immer wieder – und am Ende kann man die Handschrift des Mörders lesen."

Die amerikanische Gerichtsmedizinerin Lynn Harold hatte die Leichen in Los Angeles untersucht und den Kriminalisten sofort gesagt: „Sucht nach einem einzigen Täter." Vor Gericht in Graz berichtet sie von einem auffallenden Knoten. Die drei Frauen in L. A. waren mit ihrem Büstenhalter erdrosselt worden. „Die Knoten sind sehr ungewöhnlich und weisen sehr auffällige Gemeinsamkeiten auf", sagt sie. „Durch eine raffinierte Technik funktionieren sie ähnlich wie ein Galgenstrick." Auf die Frage des Vorsitzenden Dr. Kurt Haas, ob der Knoten an der Strumpfhose, mit der Sabine Moitzi erdrosselt worden war, ähnlich sei, antwortet die Expertin: „Ja, es gibt viele Ähnlichkeiten. Die Verknotungsmerkmale sind die gleichen."

65 Fasern an Heide Hammerers Jacke, 60 an ihren Jeans, zwölf in ihrem Pullover und fünf an ihrem Slip sind „in Farbe und Material nicht von den Fasern des Schals von Jack Unterweger unterscheidbar", behauptet der Leiter des Wissenschaftlichen Dienstes der Stadtpolizei Zürich, Walter Brüschweiler.

„Die Kriminalabteilung Niederösterreich hatte 1600 Bewegungsabläufe Jack Unterwegers rekonstruiert", berichtet Mordgruppenchef

Jack Unterweger beim Prozess im Grazer Straflandesgericht

Werner Windisch dem Geschworenengericht. Und zu allen elf Mordfällen hatte Unterweger einen örtlichen und zeitlichen Bezug. Ein
Zeuge hatte überdies den Angeklagten auch mit Heide Hammerer
zusammen gesehen.

Jack Unterweger bestreitet die ihm angelasteten Verbrechen, und
seine Verteidiger Georg Zanger und Hans Lehofer sind bemüht, einen
Freispruch zu erwirken. In den Fällen Schrempf und Prem wird er
tatsächlich freigesprochen, aber in den übrigen neun Fällen halten
ihn die Geschworenen für schuldig. Er bekommt am 28. Juni 1994
lebenslang und soll außerdem in eine Anstalt eingewiesen werden. Es
kommt nicht mehr dazu, denn Stunden nach dem Urteil erhängt er
sich in seiner Zelle mit der Schnur seiner Jogginghose. Das Urteil ist
daher nicht rechtskräftig.

* * *

Nachbemerkung: Jack Unterweger, der durch seine schriftstelleri-
sche Tätigkeit im Gefängnis viele einflussreiche Künstler und Politiker als Freunde gewinnen konnte, wurde zum politischen Aushänge-
schild für die Resozialisierung von Straftätern in Österreich. Der
Prozess brachte erschütternde Details über Unterwegers politisch
motivierte bedingte Entlassung aus einer lebenslangen Haftstrafe ans
Tageslicht. So musste die Psychologin DDr. Michaela Hapala eingestehen, dass sie ihre Stellungnahme für diese Entlassung im Eiltempo
durchgeführt hatte. Es waren zwei Gespräche von rund je einer Stunde
geführt und ein psychologischer Test gemacht worden. In diesem
Test, so die Frau, habe sie keine Abnormitäten feststellen können.
Auf Drängen des Richters musste sie aber schließlich zugeben: An-
staltsleiter Hofrat Karl Schreiner habe sie gebeten, im Rahmen der
Möglichkeiten nichts Negatives zu schreiben. Ein Geschworener
brachte dann die Sache auf den Punkt: „War es nicht so, dass die
ganze Angelegenheit schon gelaufen und ihre Stellungnahme nur ein
Tupfen auf dem i war?" Hapala, die nur drei Monate Berufspraxis
hatte, als sie Unterwegers bedingte Entlassung befürwortet hatte,
antwortete mit einem kaum hörbaren „Ja".

Die präparierte Kugel

Der Fall Margaritha Jeserschek (1992)

Dieses Verbrechen gleicht dem Drehbuch für einen spannenden Kriminalfilm, und es dauert mehr als sechs Jahre, bis das Schlusskapitel geschrieben wird ...

Der Tatort befindet sich mitten in Graz, auf offener Straße. Es ist Samstagabend, der 25. Jänner 1992: Die 66-jährige Pensionistin Margaritha Jeserschek ist auf dem Weg in ihre Wohnung, die sich im Haus Schörgelgasse 23 befindet. Sie hat nur noch 50 Meter bis zum Eingang des Hauses, da bricht sie plötzlich zusammen. Eine Kugel hat sie in den Kopf getroffen, am nächsten Tag ist die Grazerin tot.

Das Projektil, das aus dem Kopf der Frau entfernt wird, ist so deformiert, dass die Kriminaltechniker auf eine verirrte Kugel aus einem Kleinkaliberrevolver (Long Rifle) schließen. Das Geschoss könnte an der Mauer abgeprallt sein, bevor Jeserschek getroffen wurde, überlegen die Ermittler der Grazer Kriminalpolizei. Also handelt es sich um einen sogenannten Querschläger, aber nirgendwo an den Mauern sind Spuren zu sehen, und es gibt keine Zeugen.

Trotzdem findet die Kripo in der Nachbarschaft einen Verdächtigen. Er wird sogar in Untersuchungshaft genommen, schließlich aber stellt das Gericht das Verfahren gegen ihn ein.

Der „Fall Jeserschek" scheint unlösbar zu sein. Der Akt wandert zu den übrigen unerledigten Akten.

Für die Angehörigen des Opfers bestehen jedoch Zweifel an der Unfallstheorie. Sie verdächtigen den Hausbesitzer, der schon lange wollte, dass Margaritha Jeserschek aus ihrer Wohnung auszieht. Sie

Opfer Margaritha Jeserschek

Vor dem Haus Schörgelgasse 23 (Pfeil) wurde die Grazerin erschossen

Spurensicherung am Tatort

wissen auch, dass dieser Mann nach einem Erbschaftsstreit sogar seine eigene Mutter aus dem Haus vertrieben hatte. Er scheint wirklich, das vermuten die Angehörigen der erschossenen Frau, zu allem fähig zu sein.

Als sich der 25-jährige Hausbesitzer genau vier Wochen nach dem Tod der Pensionistin bei einer Zollkontrolle an einem schweizerisch-österreichischen Grenzübergang aus unerklärlichen Gründen erschießt, verstärkt sich bei den Hinterbliebenen von Margaritha Jeserschek der Verdacht. Aber zwischen dem Selbstmord und dem Tod der Mieterin können keine Zusammenhänge hergestellt werden. Sechs lange Jahre vergehen, da erhält die Grazer Kripo überraschend einen Bericht der St. Gallener Kantonspolizei. Demzufolge hat der 30-jährige Schweizer Student Martin G. den Mord an der 66-jährigen Grazerin gestanden.

Die Kriminalisten sind vieles gewohnt und kennen die Tricks und die

Vorgangsweisen der Täter. Das bringt ihr Beruf so mit sich. Aber mit dem, was in diesem Bericht zu lesen ist, haben sie nicht gerechnet, mit so etwas waren sie bisher noch nicht konfrontiert worden ...

* * *

Martin G. und der Grazer Hausbesitzer sind gute Bekannte, sie kennen sich einander von früher. Als sie 1992 wieder einmal zusammentreffen, gibt der Steirer dem Schweizer den Auftrag, die „unangenehme" Mieterin zu ermorden. G., der dringend Geld benötigt, sagt zu. Er will ein perfektes Verbrechen ausführen, das wie ein Unfall aussehen soll, und präpariert dafür ein Projektil, das exakt einem Querschläger gleicht. Damit schießt er der Frau aus nächster Nähe in den Kopf, und der Grazer Auftraggeber beobachtet den Mord. Und fast wäre den beiden Männern mit dieser hinterhältigen Vorgangsweise der perfekte Mord gelungen.

* * *

Das Mordgeständnis sorgt nicht nur in Österreich für Schlagzeilen, auch in der Schweiz herrscht großes Medienecho. Denn ins Rollen gekommen ist der Fall erst, als der als liebenswert und nett beschriebene Student ein weiteres Verbrechen gesteht: Der Schweizer Martin St., 30 Jahre alt, will den Rosenkrieg zwischen seinem Bruder und seiner Schwägerin beenden und heuert dafür seinen Jugendfreund Martin G. an. Der erfolgreiche Absolvent des Interkontinentalen Technikums in Rapperswill, baut eine Bombe und schickt das Paket – wie beauftragt – an Rosemarie St. Als die mit ihrem Mann in Scheidung lebende Frau das Paket aus dem Postkasten nimmt, wird sie misstrauisch und ruft beim angeblichen Absender an. Während sie telefoniert, kommt es zur Tragödie: die 13-jährige ahnungslose Tochter öffnet die Verpackung. Die Bombe explodiert sofort, das Mädchen ist auf der Stelle tot, die Mutter wird schwer verletzt.

Anfangs steht der Vater des toten Mädchens unter dringendem Tatverdacht, aber schon bald führt die Spur zu G. Dieser hat gerade seine Diplomprüfung erfolgreich bestanden und will feiern, als die Kripo an der Haustür läutet. Wegen dieses Bombenanschlages und wegen eines Banküberfalles in St. Gallen wird er von der Kantonspolizei einvernommen. Vom Mord in Graz ahnen die Beamten nichts. Der Verdächtige will aber offensichtlich „reinen Tisch machen" und legt aus freien Stücken ein Geständnis ab.

Filmemacher und Frauenmörder

Wolfgang Christian Ott (1995)

Als die 39-jährige Frau in Wien-Liesing ihren Pkw einparkt, reißt ein Mann die Tür auf, packt sie von hinten, würgt und fesselt sie, zerrt sie auf den Rücksitz und fährt mit ihr weg – zu seinem Haus in Liesing. Dort angekommen, verlangt der Verbrecher Geld, das Opfer muss ihm die Bankomatkarte überlassen. Er fährt wieder weg, um Bargeld zu beheben, die Frau bleibt in der Wohnung zurück, gefesselt und geknebelt. Als der Täter zurückkommt, vergewaltigt er sie.

In der Früh des 19. Juni 1995 verlässt der Verbrecher neuerlich sein Haus, er will nun auch noch das Sparbuch seines Opfers plündern. Diesen Moment nützt die Frau zur Flucht. Als sich die Polizisten kurze Zeit später in der Unterkunft des Verdächtigen umsehen, entdecken sie einen Staubsauger, der aus dem Besitz der Bankangestellten Sonja Svec (23) stammt. Die Wienerin wird seit dem 30. Mai 1995 vermißt.

Opfer Sonja Svec

Nun fahnden die Sicherheitsbehörden nach dem 38-jährigen Wiener Filmproduzenten Wolfgang Christian Ott und seinem weißen Peugeot 504 mit dem Kennzeichen W 756.363. Das Auto hat einen Campingaufbau und trägt die Aufschrift „Austro TV". Ein solcher Wagen mit Wiener Kennzeichen und dieser Aufschrift ist im Mai auch in Wildalpen und Palfau gesichtet worden.

Jetzt interessieren sich auch die Beamten der steirischen Gendarmerie-Kriminalabteilung ganz besonders für den Wiener, denn die 19-jährige Schülerin Karin Müller aus Bisamberg ist am 10. Juni 1995, also an jenem Wochenende, an dem Otts Wagen dort gesehen worden war, im Raum Großreifling/Wildalpen spurlos verschwunden. Und sie ist nicht die einzige abgängige Frau in diesem Gebiet. Seit 29. Mai wird die Schladmingerin Helga V. (34) vermisst.

V. war bei ihren Eltern in Großreifling zu Besuch gewesen. „Ich geh nur schnell nach draußen und rauch' noch eine Zigarette", hatte sie zu ihrer Mutter gesagt. Seither fehlt von ihr jede Spur.

Karin Müller hatte ihren Freund und dessen Begleiter – beide begeisterte Paddler – an der Enns abgesetzt. Zeugen sahen die junge Frau einige Zeit danach noch mit einem Buch in der Hand auf einer Sandbank sitzen. Später sollte sie ihren Freund und den anderen Burschen beim soge-

Opfer Karin Müller

nannten „Großen Stein" abholen. Aber sie erschien nicht, die Gendarmerie fand den Wagen ganz in der Nähe des vereinbarten Treffpunktes versteckt im Wald.

Als nun die Gendarmen des Postens Großreifling von der Fahndung nach Wolfgang Ott hören, erinnern sie sich daran, dass sie den Wiener am 2. Juni in der Nähe der Salza kontrolliert hatten. Aber gegen Ott war damals nichts vorgelegen. Doch jetzt sieht die Sache anders aus. Die Gendarmerie sucht zwischen Großreifling und Wildalpen nach drei Frauen, nach Helga V., nach Sonja Svec und nach Karin Müller, während Wolfgang Ott ein neuerliches Verbrechen begeht.

Ott wird schließlich am 20. Juni auf einem Campingplatz am Attersee verhaftet, nachdem er eine kaufmännische Angestellte aus Gmunden überfallen und 18 Stunden lang in den Kofferraum seines Autos gesperrt und missbraucht hatte. Diesen Überfall gibt er zu, von den verschwundenen Frauen in der Obersteiermark distanziert er sich, und auch mit dem Verschwinden von Sonja Svec will er nichts zu tun haben.

Ott wird in das Polizeigefangenenhaus nach Wien überstellt, wo er in der Nacht zum 21. Juni versucht, sich mit einem Leintuch zu erhängen. Der Selbstmord misslingt, Ott wird ins Kreuzverhör genommen – und er leugnet weiterhin hartnäckig, aber die Indizien sind erdrückend.

Zwei Tage später wird die Tasche von Sonja Svec auf einer Lichtung an der Salza gefunden. Der Verdacht gegen den Wiener erhärtet sich. Dann entdeckt am 23. Juni der Steweag-Mitarbeiter Erwin Bogensdorfer bei Reinigungsarbeiten am Rechen der Wehranlage des Kraftwerkes Altenmarkt eine Frauenleiche. Es ist die Schladmingerin Helga V. Aber bei der Obduktion können keine Merkmale äußerer Gewaltanwendung festgestellt werden, so dass die Kriminalisten von einem Selbstmord ausgehen.

Währenddessen geht die Suche nach den beiden anderen Frauen weiter. Die Eltern von Karin Müller hängen Plakate mit dem Foto ihrer Tochter an die Bäume und rufen in den Medien die Bevölkerung zur Mithilfe auf, aber Karin bleibt verschwunden.

Seit der Verhaftung des Filmproduzenten sind schon Tage vergangen – und er leugnet noch immer. Die Ermittlungen bringen aber vieles über seine dunkle Vergangenheit ans Tageslicht. So soll ein Psychiater schon vor 22 Jahren vor Ott gewarnt haben, nachdem er angeblich als 16-Jähriger zehn Mädchen überfallen hatte. Dafür war er zu 15 Monaten bedingter Freiheitsstrafe verurteilt worden und hätte sich einer Therapie unterziehen müssen. Doch das hat er nie getan.

Mordgruppenchef Adolf Steger und der Leiter der Kriminalaußenstelle Niklasdorf, Kurt Marquardt, beschreiben Wolfgang Ott als „äußerst diszipliniert". Er sei höflich, geduldig, munter und fidel, wenn es um seine Arbeit gehe – aber voll Selbstmitleid, wenn man von seinen Opfern spreche. Und: „Er gibt nur das zu, was wir ihm beweisen können", so damals die beiden Beamten. Deshalb gestalten sich die Ermittlungen als ausgesprochen schwierig. „Jetzt gibt er auch zu, zum Zeitpunkt des Verschwindens von Karin Müller in der Obersteiermark gewesen zu sein, das hat er bei seiner Verhaftung noch bestritten."

Als die Wiener Kriminalisten Ott wieder einmal in die „Zange nehmen", behauptet er, er habe Sonja Svec in Wien überfallen und sie lebend auf einem Autobahnparkplatz an einen Baum gebunden. Doch Ende Juni wird die Leiche in der Salza gefunden, jetzt wird es für den Verdächtigen noch enger. Er tischt den Ermittlern mehrere Varianten auf: Er sei mit der Frau zum Paddeln in die Obersteiermark gefahren, dabei sei sie aus dem Boot gefallen und ertrunken. Dann behauptet er, er habe Svec gefesselt ins Schlauchboot gebracht und sie an einen

Mit Plakaten an den Bäumen wurde nach Karin Müller gesucht

Wolfgang Ott nach seiner Festnahme

Betonring gebunden, damit sie nicht habe entfliehen können. Als sie ins Wasser gefallen sei, habe er auch den Betonring in die Salza geworfen.

Wolfgang Christian Ott wird wegen Mordes an Sonja Svec angeklagt. Im Fall Karin Müller kommt es vorerst zu keiner Anklage. Doch im Auto von Ott werden zwei Spanngurte gefunden, die aus Müllers Auto stammen. Darauf befinden sich auch Haare der verschwundenen Frau, aber es fehlt noch die Leiche, um Mordanklage erheben zu können.

Im Oktober 1996 muss sich Wolfgang Ott im Wiener Straflandesgericht für seine Verbrechen (Mord an Svec und die beiden Überfälle und Vergewaltigungen in Wien und am Attersee) verantworten. Psychiater suchen nach Erklärungen für seine Taten. „Ott war ein ‚Schreisäugling‘, er wurde schon von seinem Vater geschlagen, der sein Kind extrem streng im Sinne der Zeugen Jehovas erziehen wollte", behauptet ein Gutachter. Er habe einen „unermesslichen Drang, in seiner Eigenliebe bewundert zu werden", stellt ein anderer Sachverständiger fest. Und Psychiater Heinrich Pfolz wird noch klarer: „Diese Persönlichkeitsstruktur ist eine Abartigkeit höchsten Grades. Ich bin kein Hellseher, aber wenn nichts geschieht, passiert wieder etwas."

Die logische Konsequenz dieser Verbrechen: Die Höchststrafe, also lebenslange Haft und Einweisung in eine Anstalt für geistig abnorme Rechtsbrecher.

* * *

Am 6. Juni 1997 findet ein pensionierter Oberförster im Unterholz nahe jener Stelle bei Palfau, wo Müllers Auto abgestellt war, Skelettteile. Es sind die Überreste von Karin Müller. Die Todesursache kann nicht mehr festgestellt werden, dennoch wird Ott am 24. Februar 1999 von einem Geschworenengericht in Leoben wegen Mordes einstimmig schuldig gesprochen.

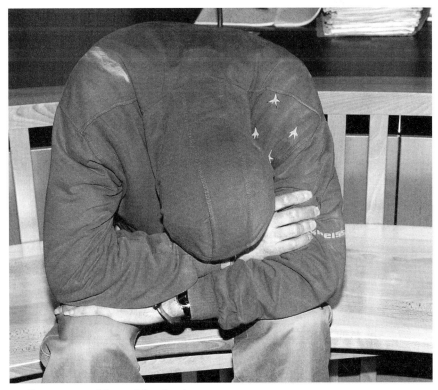

Wolfgang Ott auf der Anklagebank

Blutiger Terror

Bombenbauer Franz Fuchs (1993 bis 1997)

3. Dezember 1993, 11.05 Uhr, Pfarramt Hartberg: Pfarrer August Janisch, der auch die örtliche Caritas-Flüchtlingsberatungsstelle leitet, ist soeben vom Außendienst zurückgekehrt, in seiner Kanzlei sortiert er die Post, die am Vormittag zugestellt worden ist. Als er einen Briefumschlag öffnet, kommt es zu einer Explosion, und ein mächtiger Knall erschüttert das Pfarrhaus. Die Briefbombe verletzt Janisch im Gesicht und an der linken Hand.

Es ist bekannt, dass sich der Geistliche für Minderheiten, für Ausländer, Asylanten und rumänische Flüchtlinge eingesetzt hat. Immer wieder hatte er für diese Betroffenen in aller Öffentlichkeit das Wort ergriffen und ihnen geholfen, wo er nur konnte.

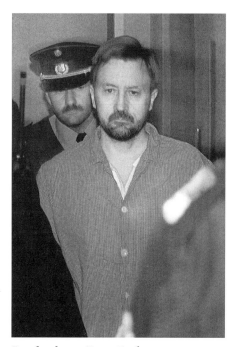

Bombenbauer Franz Fuchs

Der Anschlag auf Pfarrer Janisch ist der Beginn einer langen Serie von Gewalt, die die Republik Österreich bis zum Herbst 1997 erschüttern wird.

Noch am selben Vormittag, nur 49 Minuten später, explodiert eine Briefbombe im Büro von Silvana Meixner, der Moderatorin der ORF-Minderheitensendung „Heimat, fremde Heimat". Auch sie wird an der linken Hand, im Gesicht und im Brustbereich verletzt. In beiden Fällen finden sich Schreiben mit dem Inhalt „Wir wehren uns! – Graf Ernst Rüdiger von Starhemberg." Graf Starhemberg hatte 1683 Wien gegen die Türken verteidigt.

Opfer August Janisch   *Opfer Helmut Zilk*

Die steirische Sicherheitsdirektion, welche die Ermittlungen im „Fall Janisch" übernommen hat, warnt sofort vor der Möglichkeit, dass weitere Briefbomben an Personen, die sich für Asylanten engagieren, unterwegs sein könnten, – und die Befürchtung bestätigt sich bereits am nächsten Tag. Am 4. Dezember 1993 um 10.55 Uhr erhält die EBT im Innenministerium einen Anruf von der Wiener Caritas-Zentrale, wo seit dem Vortag bereits ein verdächtiger Brief an Caritas-Präsident Helmut Schüller liegt. Nur durch Zufall war dieser Brief nicht sofort geöffnet worden, und jetzt, wo die Anschläge auf Pfarrer Janisch und Silvana Meixner bekannt geworden sind, reagieren auch die Beschäftigten bei der Wiener Caritas mit Vorsicht. Tatsächlich befindet sich im verdächtigen Kuvert die dritte Briefbombe. Sie kann vom Entminungsdienst des Innenministeriums aber entschärft und sichergestellt werden.

Jetzt geht es Schlag auf Schlag, der oder die Bombenbauer versenden weitere Sprengsätze. Am 5. Dezember gibt in Radkersburg eine Vertreterin des Slowenischen Kulturvereines einen Brief bei der Gendarmerie ab, und wieder ist es eine Bombe nach dem bekannten Muster. Der bisher schwerste Anschlag trifft am selben Tag um 17.48 Uhr den Wiener Bürgermeister Helmut Zilk. Zuvor hatte der Politiker noch seine Gattin Dagmar Koller gebeten, selbst keine Privatpost mehr zu

Eine von Fuchs gebaute Briefbombe

Eine Bombe explodierte im Briefkasten vor dem Postamt in der Wienerstraße in Graz

öffnen. Die Bombe reißt Zilk eine Hand ab, er blutet stark, seine Frau rettet ihm das Leben.

Die Klubobfrau der „Grünen" im Parlament, Madeleine Petrovic, erhält am 6. Dezember die sechste Bombe. Diese wird rechtzeitig entdeckt und entschärft. Weitere Briefbomben, die entschärft werden können, sind an Frauenministerin Johanna Dohnal und die Arbeitsgemeinschaft für Ausländerbeschäftigung in der Wiener Bundeswirtschaftskammer adressiert.

Am 6. Dezember, knapp nach Mittag, explodiert wieder ein Sprengsatz, der Brief war an einen Islamischen Verein in Wien adressiert.

Die EBT (Einsatztruppe zur Bekämpfung von Terrorismus) und die Staatspolizei tappen völlig im Dunkeln und gehen davon aus, dass die Anschläge von der rechtsextremen Szene verübt worden sind. Es werden auch Verhaftungen vorgenommen, Verdächtige unter Anklage gestellt und schließlich auch verurteilt, aber sie alle haben mit den Briefbombenanschlägen nichts zu tun. Es kommt zu heftigen politischen Diskussionen und Auseinandersetzungen, denn sogar die Wohnung eines FPÖ-Funktionärs in Niederösterreich wird durchsucht. Der Druck auf die Fahnder wird immer größer.

184

Am 24. August 1994 um 0.36 Uhr will der Klagenfurter Polizeibeamte und Sprengstoffexperte Theodor Kelz ein verdächtiges PVC-Rohr, das er vor einer Volksschule sichergestellt hat, durchleuchten. Er fährt zum Flughafen, dort explodiert der Gegenstand, Kelz verliert dabei beide Hände. Danach folgt die Briefbombenserie II, es tauchen auch erste Bekennerschreiben der BBA (Bajuwarische Befreiungsarmee) auf, doch auch diesmal führen die Ermittlungen zu keinem Erfolg.

Der folgenschwerste Bombenanschlag fordert am 4. Februar 1995 in der Roma-Siedlung in Oberwart vier Menschenleben. Die Republik steht unter Schock, und die Serie der Anschläge geht weiter, auch nach Deutschland werden Briefbomben verschickt. Am 11. Dezember 1995, eine knappe Woche vor den Neuwahlen, detonieren in einem Briefkasten des Postamtes Graz-Gösting zwei Bomben, zwei weitere Bomben werden sichergestellt, sie explodieren aber während des Transportes nach Wien.

In der Zwischenzeit war auch der Kriminalpsychologe Thomas Müller in die Ermittlungen einbezogen worden. Müller war in Amerika beim FBI ausgebildet worden, jetzt soll er in der Briefbombencausa in

Tatort Oberwart: Hier starben vier Menschen durch eine Rohrbombe

Österreich ein Täterprofil erstellen – und er tut es auch. Geschickt werden Falschmeldungen an die Medien lanciert, zudem wird im Herbst 1997 die Rasterfahndung eingeführt, auch das nützt der Psychologe aus.

Die Rechnung geht auf, denn der langgesuchte Bombenbauer Franz Fuchs, ein arbeitsloser Vermessungstechniker aus Gralla, wird nervös.

Am Abend des 1. Oktober 1997 folgt Fuchs einem Pkw, denn er will wissen, ob es sich dabei um ein Observationsfahrzeug der Briefbombenermittler handelt. Aber im Wagen sitzen zwei Frauen, sie fühlen sich verfolgt, eine der beiden alarmiert ihren Gatten, der ruft die Gendarmerie. Als die Streife des Postens Leibnitz eintrifft, steht das Auto, das den Frauen gefolgt war, mit ausgeschaltetem Licht neben einem Wohnhaus.

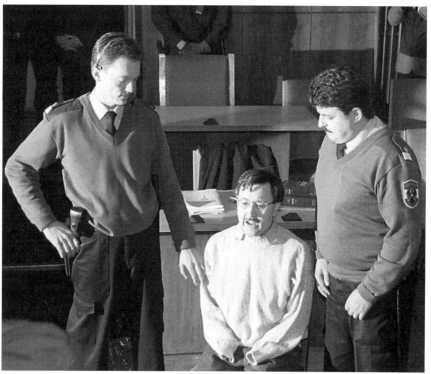

Franz Fuchs vor Gericht: Er schreit Parolen und wird vom Prozess ausgeschlossen

Inspektor Arno Schreiner klopft an die Tür und fordert den Lenker auf, ihm seine Fahrzeugpapiere zu zeigen. Der Mann im Trainingsanzug steigt aus. Es ist Franz Fuchs, er geht auf Gendarm Schreiner und dessen Kollegen zu. In der Hand hält er einen länglichen Gegenstand – und im nächsten Moment kommt es zu einer Explosion. Schreiner wird am Auge und an beiden Oberschenkeln verletzt, Fuchs liegt ebenfalls verletzt am Boden. Erst als die Gendarmen versuchen, ihm die Handschellen anzulegen, merken sie, dass er keine Unterarme mehr hat.

In der Folge stellt sich für die Ermittler der Sonderkommission immer wieder die Frage: „War Fuchs allein oder hatte er Komplizen?" Anhaltspunkte auf mehrere Täter können jedoch nicht gefunden werden.

Im Frühjahr 1999 steht der Bombenbauer in Graz vor einem Geschworenengericht, angeklagt des vierfachen Mordes und des mehrfachen Mordversuches. Der Prozess beginnt mit einem Knalleffekt, mit dem niemand gerechnet hat. Fuchs versucht, den Mythos der BBA zu erhalten, und schreit Parolen wie: „Es lebe die BBA!" Oder: „Es lebe die deutsche Volksgruppe!" Der Angeklagte wird wieder aus dem Verhandlungssaal geführt. Dieses Bild prägt den ganzen Prozess, das Gericht ist gezwungen, in Abwesenheit des Angeklagten Franz Fuchs zu verhandeln.

Staatsanwalt Johannes Winklhofer spricht in seinem Plädoyer von der Bombe, die im Kopf von Franz Fuchs tickt, und er betont, dass alles untersucht worden sei, aber es gebe niemanden außer Franz Fuchs. „Franz Fuchs ist die BBA."

Am 9. März 1999 wird Fuchs zu einer lebenslangen Freiheitsstrafe verurteilt. Nach 909 Tagen Haft erhängt sich das „Bombenhirn" ohne Arme in seiner Zelle der Grazer Justizanstalt Karlau mit dem Kabel seines Rasierapparates.

ORTSREGISTER

BILDNACHWEIS

INFORMANTENLISTE

Ich danke allen Institutionen und Personen für die Unterstützung
bei meinen Recherchen, insbesondere:

Archiv Kleine Zeitung
Kleine Zeitung Redaktionsarchiv
Kriminalabteilung des Landesgendarmeriekommandos Steiermark
Kriminalpolizei der Bundespolizeidirektion Graz
Landesarchiv
Staatsanwaltschaft Graz
Staatsanwaltschaft Leoben
Kriminalmuseum Wien/Scharnstein
Gemeinde- und Standesämter Tragöß, Oberaich, Unterrohr,
Piberegg, Kohlschwarz
Pfarrämter Kitzeck, Weißkirchen, Feldbach, St. Stefan im Rosental,
Riegersburg, Eichkögl

Manfred Prasch, Leo Krotmeier, Robert Schweighofer,
Georg Tkaletz, Ewald Schellnegger, Helmut Golds, Anton Lehr,
Horst Sigl, Viktor Pacher, Karin Janisch, Meinhart Novak,
Andreas Pichler, Alois Schardl, Franz Fasching, Anton Schuh,
Franz Feldbacher, Alfred Lampl, Hans Tomaschitz, Heinz Plauder,
Heinz Ploder, Franz Pein, Johann Klapf, Heribert Mara,
Walter Frischenschlager, Bernd Melichar, Josef Huber,
Christa Schmallegger, Roswitha Kaiser, Ursula Stock, Harald Seyrl,
Viktoria Sommerauer, Otto Lückl, Johann Lausecker, Franz Egger,
Peter Steiner, Gertrude Tscheppe, Maria Scheucher,
Hans Hansmann